아주
오래된
유죄

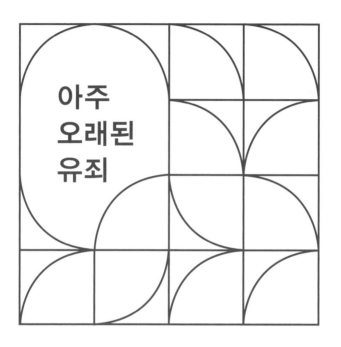

아주
오래된
유죄

그러나 포기하지 않은   김수정   **한겨레출판**
여성을 위한 변론   지음

추천의 말

칼럼 〈김수정의 여성을 위한 변론〉이 신문에 실린 토요일은 여느 주말과는 달랐다. 우리 사회는 "가만히 있으면 중간은 간다"는 말이 삶의 지혜로 통용되는 사회다. 특히 전문가일수록 중립이라는 이름 뒤로 숨는 편이 훨씬 더 크게 이득이 된다. 그런데 이렇게 분명하게 '여성을 위한'이라는 표현을 쓰다니, 이것만으로도 큰 용기라는 걸 잘 알고 있다. 질문하고 개탄하고 주장하며 법을 다시 정의의 편으로 가져오기 위해 피해자와 함께 분투하는 김수정의 글을 읽으며 나는 토요일 아침에 다시 정신을 가다듬곤 했다. 늘 기대하며 읽었던 지면이었고 읽고 나면 기대 이상으로 오랫동안 글의 내용을 생각하곤 했다. 이 책에는 여성 변호사가 여성을 위한 변론에 멋지게 성공한 법정 드라마가 꽤 많이 들어 있다. 하지만 김수정은 법정의 장면을 영웅서사처럼 쓰며 자신을 주인공으로 내세우지 않는다. 자신이 변호하면서 만났던 의뢰인들의 사연을 소재화하지도 않는다. 한국 현대사와 페미니즘의 핵심 쟁점에 대한 깊은 이해를 바탕으로 쓰인 이 책은 한국의 역사와 현실을 잘 드러내고 있다는 점에서 어떤 사회학 책보다도 더 구체적이고, 현실의 구체성이 생생하게 묘사되어 있다는 점에서 대단히 문학적이다. 그리고 무엇보다도 여성의 지위와 권리에 관해 끈질기게 붙잡아 주장하고 논증하며 방향을 제안한다. 페미니즘 입문서를 추천해달라는 요청을 자주 받는데, 자신 있게 추천할 책이 생겼다.

권김현영, 여성학 연구자·
《다시는 그전으로 돌아가지 않을 것이다》 저자

우리 사회에서 살아가는 여성들이 자신들의 인간으로서의 권리를 법적으로 보장받기 위해 국가와 사회, 동료 시민들을 상대로 어떻게 투쟁해왔는가. 이 책은 김수정 변호사가 다방면에 걸쳐 여성들을 대리하고 변호하면서 연대자로서 겪은 구체적인 사정들을 충실히 담고 있다. 책에 수록된 모든 내용들이 '이제는 해결된 문제'가 아니라 '아직도 현재진행형인 외침'이라는 점에서 그이의 한숨과 탄식을 함께 나누게 된다.

한편, 책에 담긴 대한민국 여성의 법적 투쟁사는 곧 사회의 규범을 최종적으로 해석·적용하는 사법에 대한 두드림이자 외침이기도 하다.

그래서일까. 대한민국 법조계의 큰 선배인 그가 던지는 질문들인 이 책을 읽다 보면 같은 여성 법조인으로서 우리 사회의 규범체계 아래 내밀하게 자리 잡은 여성에 대한 차별과 배제의 내러티브에 절절히 공감함과 동시에 판사로서 내가 이 구조적 차별과 배제를 공고히 하는 데 한몫하고 있는 것은 아닌지 두려워진다. 사법은 다수가 행하는 차별에 맞서 소수자·약자의 권리를 보장해내는 최후의 보루가 되어야 하나, 현실적으로는 주류가 가지는 편견을 규범 해석에 그대로 투영시키는 오류를 왕왕 범해왔기 때문이다. 쏟아지는 사건들을 쳐내기에 급급한 나머지 사안을 형식적으로 이해하고 선례들을 무비판적으로 적용할 때 그러한 오류가 빈번해진다. 이러한 오류는 판사의 성별을 가리지 않는다.

책을 읽으며, 다행히도 사법이 구조적 어려움에 내몰린 여성들의 눈물을 닦아준 케이스들을 볼 수 있었지만, 그보다는 '사법이 진즉에 잘했다면 이러한 고통이 오랜 기간의 법적 투쟁으로 인해 가중되지 않았을 텐데' 내지는 '사법이 끝끝내 이 눈물을 외면해버렸구나' 하는 생각에 마음이 아팠다. 아픈 와중에 이 책을 읽을 수 있어 다행이라고 생각했다. 법정에 정리되어 오는 사안 이면에 어떤 구체적인 서사가 담겨 있는지 알 수 있게 되어 다행이다. 대한민국 사회에서 아직 현재진행형인 이들의 이야기를 같은 사회 구성원들인 시민 모두가, 그리고 특히 이들의 법적 투쟁을 다루게 될 판사들이 읽을 수 있게 되길 진심으로 바란다.

류영재, 대구지방법원 판사

이 책은 김수정 변호사가 지난 20여 년간 여성 문제와 관련하여 변론한 기록이다. 법조문과 법리에 대한 해석도 담겨 있지만, 각각의 사건이 터 잡고 있는 정치·사회적 맥락과 페미니즘과 인권운동의 관점에서 어떤 의미를 담고 있는지 입체적으로 보여주고 있다. 승리의 기쁨보다는 아쉬움이, 성과보다는 한계가 더 많이 담겨 있다는 점이 인상적이다. 이 책에는 세상을 조금이라도 더 좋은 방향으로 바꾸고 싶은 저자의 간절함이 곳곳에 서려 있다. 저자가 변호사로 부딪혀야 했던 장벽은 우리 법과 제도의 한계이자 우리 사회의 한계일 것이다. 그렇게 이 책은 우리 사회가 어디까지 와 있는지, 동시에 우리에게 남은 과제는 무엇인지 이야기하고 있다.

홍성수, 숙명여대 법학부 교수·
《말이 칼이 될 때》 저자

법은 여성의 편인가

2018년 여름, 낙태죄 위헌소송 대리인단의 일원으로, 헌법 재판소에서 공개변론을 마친 직후였다. 나는 공개변론에서 한 최후 변론 원고를 《한겨레신문》 칼럼면에 기고했고 이를 본 출판사에서 '여성을 위한 변론'이라는 주제로 책을 집필해보는 것이 어떻겠냐고 제안했다. 내가 책 한 권 분량의 원고를 쓸 만큼 '여성을 위한' 변론을 했는지, 감히 내세울 만한 것이 있는지 자신이 없어 제안을 여러 번 고사할 수밖에 없었다. 결국 글을 쓰게 된 것은 부족하지만 법정에서 마주한 여성들의 현실에 대해 글로 쓰고 공유하는 것이 변호사로서 마지막 변론이 아닐까 하는 생각 때문이었다.

　아무것도 정해놓은 것이 없는 상황에서의 시작이었다. 무엇을 써야하나 막막했던 처음의 걱정과 달리 매일매일 보도되는 사건들 덕분(?)에 무엇을 쓸 것인지 정하는 것은 어려운 일이 아니었다. 이렇게 쓰기 시작한 글들이 쌓여 어느덧 책 한 권 분량이 되었다.《한겨레신문》과《프레시안》등에 연재한 글들을 모아 최근의 변화된 상황을 반영하여 정리하고, 몇 편은 새롭게 써서 추가하였다. 책에 소개한 사건들은 나와 동료들이 직접 변론하였거나 혹은 현재도 변론이 진행되고 있는 사건들로, 픽션이 아니며 살아 움직이는 여성의 고통스러운 현실 그 자체라 할 수 있다.

　여성들의 싸움은 가끔 승리하지만, 많은 경우 여전히 패배한다. 법정 싸움은 포기하지 않은 여성들의 최후의 싸움이고, 승리의 기약도 없이 긴 시간을 버텨내야 하는 싸움이다. 책에서 다룬 사례들은 너무 고통스럽고 비참하기까지 한 예가 없지 않지만, 너무 비관적으로만 읽히지 않길 바란다. 현실은 고통스러운 것이었지만 이 책은 고통에 쓰러지지 않고, 현실에 굴복하지 않고 피해를 드러내고 끝내 지는 경우에도 가장 끝까지 싸워낸 여성들의 이야기이기 때문이다. 여성들의 싸움은 돌을 굴려 산 정상에 올려놔도 내일 다시 또 굴리기를 반복해야 하는 시지프스의 절망과는 다른 것이다. 같은 싸움이 반복되는 것 같아도 같은 싸움은 없다. 포기하지 않은 싸움에는 늘 한발 전진이 내포되어 있기 때문이다.

책을 쓰는 데 2년이 걸렸다. 힘들었던 사건의 기억을 끄집어내어 기록하는 일은 생각보다 많은 에너지를 소모하게 하는 것이어서 글쓰기를 포기했던 시간이 상당히 길었던 탓이다. 내 글을 읽은 한 젊은 남성 독자가 자신이 '갱생(진짜 갱생이라고 표현했다)'되고 있다며 인간답게 살고 싶다고 내게 계속 글을 써달라고 채찍질했고, 이는 내가 다시 쓰기 시작하는 데 가장 큰 원동력이 되었다. 무엇보다 책에 기록한 많은 사건은 혼자서 수행한 사건이 많지 않고 대부분 동료들과 함께 변론했거나 변론하고 있는 사건들이다. 동료들이 없었다면 책을 쓸수도 없었겠지만 사건 자체도 수행할 수 없었다. 오랜시간 함께 해준 민주사회를 위한 변호사모임의 여성인권위원회, 아동인권위원회 그리고 법무법인 지향의 동료들에게 감사의 인사를 전하고 싶다. 마지막으로 원고를 쓰는 동안 초고를 꼼꼼히 읽고 조언하고, 교정을 봐

준 박갑주 씨와 진지하게 최종 원고 교정을 봐준 큰아이, 엄마가 글을 쓸 수 있도록 얌전히 기다려준 막내 꼬맹이에게도 인사를 전한다.

그리고, 앞서 나에게 계속 글을 써달라고 했던 젊은 남성 독자. 외람되지만, 그분 말고도 좀 더 많은 남자 사람이 이 글을 읽고 여성들의 현실은 여전히 고통에 찬 것임을, 여성의 고통이 사라지지 않는 한 남자 사람 역시 고통 없는 삶은 불가능하다는 것을 알게 되는 작은 계기가 될 수 있기를 바란다.

2020년 11월
김수정

차례

단지 그대가
여자라는 이유만으로

1부

뜬눈으로 영상 지우며
여자는 날마다 죽었다

일상이 지옥이 되는 디지털 성범죄

여자아이의 치마를 들추고, 몰래 여자 화장실을 훔쳐보고, 그에 관해 소문내는 것은 남자아이들이 별다른 제재 없이 즐기던 유희다. 조금 커서는 함께 모여 음란 비디오를 돌려 보고, 자기 여자친구와의 관계를 무용담처럼 늘어놓는다. 군대에 가서는 이를 아침저녁 나누는 대화의 소재로, 문화로 함께 향유한다. 이렇게 성장한 남자아이들의 몸속에서는 여자를 훔쳐보고, 마음대로 찍고, 돌려 보고자 하는 욕망이 아무런 죄의식 없이 잠복해 있다가 발화하는 것만 같다.

치마가 들춰지고, 마음대로 볼일도 못 보고, 남자아이들의 잘못으로 소문에 오르내려도 '행실 잘하라'며 오히려 혼나던 여자아이들이 자라나, 남자 사진을 촬영해 유포하거나 남자로부터 당한 일을 그대로 되갚자며 똑같이 하려고 하거나, 혹은 하고 있다. 이른바 '미러링'이다. 여자들이 미러링하는 일에 대해 이러쿵저러쿵 말들이 많은데, 내 눈에는 싫어하는 벌레가 온몸에 잔뜩 들러붙었는데 이를 떼어내지 못해 몸부림치는 고통으로 느껴진다. 내 눈에 미러링은 여성의 비명이다.

2018년 5월 12일 홍익대학교 크로키 수업 중 남성 누드모델의 나체 사진을 동료 여성모델이 인터넷 커뮤니티에 유포한 사건인, 일명 '홍대 남자모델 불법촬영 유포 사건'이 터졌다. 경찰은 신속하게 대응해 범인을 체포하고 법원은 범죄에 걸맞게 징역형을 선고했는데, 어찌된 일인지 이는 칭송을 받기는커녕 여성들의 분노만 키웠다. 사진을 유포한 여성모델은 성폭력범죄의 처벌 등에 관한 특례법 위반(카메라 등 이용 촬영) 혐의로 신속하게 구속되었는데, 여성이 피해자인 동종 사건에서는 경찰이 왜 그동안 가해자 검거에 미온적인 대응을 보여온 것이냐며 엄청난 비판이 일었다. 2018년 5

월 19일 1만여 명의 여성들이 서울 대학로에 빨간 옷을 입고 모였다. "남성이 피해자인 홍대 사건의 경우 이례적으로 빠르고 적극적으로 수사가 이뤄졌지만, 여성이 피해자인 수많은 불법촬영 사건에 대해서는 그간 경찰이 노출 정도, 외모 등을 언급하며 2차 가해까지 서슴지 않고 신고조차 받지 않았다. 경찰의 행태에 분노한다"고 외쳤다. 이 외침은 계속 커져, 2차 시위에는 약 4만 5,000명, 3차 시위는 6만 명, 4차 시위는 7만 명(주최 쪽 추산)이 모였다. 100년 만에 찾아왔다는 폭염도 막지 못한 외침이었다.

경찰이 "성별에 의한 편파수사가 아니다. 사건의 특수성 때문에 빨리 체포한 것이다"*라고 해명하는 와중에, 어떤 이들은 '남자가 피해자면 범인을 잡지 말라는 거냐'는 등 불편한 반응을 보이기도 한다. 공감 능력이 떨어지고 세상 돌아가는 본새를 전혀 모르는 사람들이 일부 있을 수도 있겠다고 넘겨버리기에는 소리가 너무 크다. 저들은 마치 남자들만의 이어도에서 살아온

* 〈피해자가 남자라서 빠른 수사? 청원 이틀새 20만 명 공감 까닭은〉,《한국일보》, 2018년 5월 13일

사람들만 같다. 국내 최대의 '음란물' 사이트이자 온라인 성범죄의 온상으로 악명 높던 소라넷이 폐쇄되는 데 17년이 걸리고, 피해자가 죽어도 피해자의 얼굴이 나오는 불법 디지털 성범죄 영상은 여전히 웹상을 떠돌며 소비되고 있는 세상이다. 여자라는 이유로 화장실에서 바지조차 내리기 꺼려지고, 내 집에서조차 옷을 여며야 하는 세상이다. 그 세상에서 나(너)의 어머니, 누이, 아내, 애인이 살아가고 있다. 그녀들은 남의 상갓집에 와서 떠들고 있는 사람들이 아니라 자기 집 초상에서, 바로 자신의 장례식장에서 울고 있는 사람들이다.

영상 속 얼굴이 일으킨 슬픔

헤어진 남자친구가 인터넷에 성관계 동영상을 유포한 피해자의 사건을 맡아 변론한 적이 있다. 그녀는 어느 날 직장 동료로부터 '인터넷에 돌아다니는 영상이 있는데 너 같다'는 이야기를 들었다. 그녀를 알고 지내는 다른 지인들로부터도 연락을 받았다. 문제의 영상도 전송받았다. 영상을 보자마자 누가 유포한 것인지 바로 알 수 있었다. 사이버수사대에 신고해 범인이 체포되고 구속됐지만, 정작 그녀의 싸움은 이제부터였다.

그녀를 변론하기 위해 나는 어쩔 수 없이 그 영상을 봐야 했다. 내가 보는 것은 슬픈 내용의 영화가 아닌데 그 영상을 보며 흐르는 눈물을 멈출 수가 없었다. 영상에서 얼굴이 보이는 사람은 오직 그녀뿐이다. 정성을 다해 사랑하는 사람을 애무하는, 너무도 분명한 그녀. 유포범인 그놈은 목소리로만 등장한다. 그놈은 촬영한 영상 중 자신의 얼굴이 나오지 않는 영상만 골랐다. 사랑하는 사람에게 진심으로 정성을 다하던 그녀의 얼굴만큼 내게 큰 슬픔을 준 얼굴은 없었다.

그녀는 매일매일 인터넷을 뒤져 자신의 영상을 삭제하면서 점점 절망해갔다. 매일 다른 이름의 파일로 다시 올라오는 영상, 지워도 지워도 좀비처럼 되살아나 그녀를 산 채로 먹어치우는 영상. 그놈이 영상을 올린 이유는 황당하기 그지없었다. 그놈은 그녀와 헤어진 뒤에도 심심하면 영상을 꺼내보며 낄낄거리고, 다른 사람과 같이 보기까지 했다. 그걸로도 모자라, 자신의 여자친구와 싸우고 홧김에 예전 여자친구인 그녀의 영상을 올렸다는 것이다. 한 사람을 파괴하는 일이, 한

때 사랑했던 사람을 파괴하는 일이 이렇게 이루어진다. 아무 이유 없이, 술김에, 홧김에, 심심해서 등등.

매일 밤을 뜬눈으로 지새우며 자신이 등장하는 영상을 찾아 지우는 일은 육체적으로 힘듦은 물론 영혼을 파괴하는 일이다. 디지털 장의사를 찾아 맡기려고 해도 막대한 비용을 감당할 수가 없다. 그냥 자포자기하며 살아가야 하는 것인가. 디지털 세상 속 그녀는 매일 '무슨무슨 부인'으로 바뀌어 있다.

그녀에게 무릎을 꿇고 용서를 빈 사람은 그놈의 누나였다. 그놈은 누나가 건사하던 자였는데, 누나는 같은 여자로서 용서를 빌기조차 미안하다면서도 자기 동생을 한 번만 살려달라면서 울며불며 매달렸다. 성범죄 사건을 맡을 때마다, 가해자의 잘못에 대해 용서를 비는 사람은 꼭 그들의 어머니이거나 누이였다. 막상 일이 터지면 뒷수습을 하는 것은 그 남자의 혈육인 여자들(부친이 나서거나, 형이 나서는 경우는 또 별로 보지 못했다)이거나 애인이나 아내 들이다. 불법촬영을 하다 발각된 초등학교 교사의 경우 그 어머니가, 딸과 동반한 단체여행에서 성폭행을 저지른 아버지를 위해서는 그의 딸이 무릎을 꿇었다. 안희정 사건에서도 부인이 안희정 쪽 증인으로 나오지 않았던가. 여자의 도움 없이 살지도 못하면서, 남자만의 이어도에서 살 수도 없으면서, 그들은 끊임없이 여자를 몰래 지켜보고, 돌려 보고, 소비한다.

그녀는 영상 삭제에 드는 비용 등의 현실적인 이유와 피해자 또래이던 그놈 누나의 호소 때문에 결국 얼마간의 합의금을 받고 합의했다. 변호사인 나로서도 실리를 선택하라고 할 수밖에 없었다. 실형을 받는다 해도 6개월에서 1년 정도의 처벌에 불과할 것이고, 민사소송으로 손해배상금을 인정받는다 해도 가진 재산 한 푼 없는 그놈에게서 받아낼 길은 멀기만 했기에 합의금으로 들고 온 돈을 받는 선택을 하라고 할 수밖에 없었다. 앞으로 언제까지 디지털 세상에서 '무슨무슨 부인'으로 살아야 할지 기약할 수 없는 그녀에게, 이제는 더 이상 누구도 사랑할 수 없게 된 그녀에게, 영혼이 파괴된 그녀에게 차마 받으라고 하기에는 미약한 그 합의금을 받으라고 조언할 수밖에 없었던 것이다.

왜 세상은 더 나빠지는가

어린 시절 내가 꿈꾸었던 미래는 지금보다는 조금 행복한 세상이었던 것 같다. 최소한 내가 겪었던 일들이 일어나지는 않는 세상일 것이라 막연히 생각했다.

어린 시절 내 치마 속을 몰래 비춰 보던 놈은 육박전으로 해결했다(나는 드센 여자아이로 소문이 났다). 우리 집 재래식 화장실 벽돌 틈(벽돌 사이의 빈틈은 어찌 그리 큰 것인지)으로 끈질기게 화장실을 들여다보던 옆집 중학생의 두 눈으로부터는 도시로 유학을 떠나고서야 벗어날 수 있었다. 옆집 오빠가 자꾸 들여다본다고 이야기해도 믿어주지 않던 엄마를 오랫동안 원망했다. 도시로 떠난 이후 시골집에 자주 가지 않으려 했던 이유 중 하나였다. 엄마는 내가 대학생이 된 뒤에야 내가 떠난 다음 엄마도 옆집 중학생에게 같은 일을 당했다고 털어놨고, 내게 사과했다. 천만다행(?)으로 그 시절에는 아이들이 쉽게 카메라 같은 것을 가질 수가 없었고, 인터넷도 없었다.

20여 년 전 대학생 때는 후배와 지하철 공중화장실에 갔다가 봉변을 당한 적이 있다. 화장실은 서양식

변기가 있는 곳이 아니었고 옆 칸과의 사이에 상당한 틈이 있는 구조였다. 바지를 내리고 일을 보려던 순간 뭔가 섬뜩한 눈빛이 느껴졌다. 얼른 옷을 추스르고 겁도 없이 허리를 숙여 옆 칸과 내가 있는 칸 사이의 틈을 들여다봤는데, 그곳으로 나를 보고 있던 두 눈과 마주쳤다. 조용히 화장실을 나와 다른 여성들에게 수신호로 상황을 알리고, 후배에게는 지하철 경비를 데려오게 했다. 지하철 경비가 문을 부수다시피 해 그 남자를 끌어냈다. 나와 후배는 숨어서 지켜보다가 혹여라도 그 남자가 나와 후배의 얼굴을 볼까 두려워 냅다 도망쳤다. 그 일이 있은 뒤 지금까지도 나는 지하철 화장실에 잘 가지 못한다. 가더라도 칸 사이에 틈이 있거나 양변기가 없는 화장실에는 가지 못한다. 20여 년 전 화장실 틈 사이로 봤던 그 두 눈을 잊지 못하기 때문이다.

내가 꿈꾸던 미래는 새로운 것이 가득한 세상이었는데, 막상 맞이한 건 아주 오래된 것들이 더욱 썩고 부패해 냄새가 진동하는 미래였다. 나를 지켜보던 두 눈은 눈부신 기술의 발달로 기계로 대체됐을 뿐이고, 입으로 사진으로 전달되던 것들이 인터넷 회선을 타고 순식간에 퍼져나가는 것으로, 영원히 지울 수도 없는 것으로 바뀌었을 뿐이다.

　뒤늦게나마, 정부는 디지털 성범죄에 대한 대응책을 내놓고 있다. 2018년 4월부터 방송통신심의위원회는 디지털 성범죄 대응팀을 신설하고 신속 대응을 위한 긴급심의 제도를 도입했다. 한국여성인권진흥원 내에는 디지털 성범죄 피해자 지원센터를 신설해 삭제를 비롯해 수사, 소송, 사후 모니터링 등의 도움을 주고 있다. 그러나 여성들이 겪고 있는 고통에 비해 대책 마련은 너무 느리고, 지원도 많이 부족하다. 처벌은 솜방망이다. 방송통신심의위원회에서 도입한 긴급심의조차 3~5일이 소요된다. 이미 빛의 속도로 영상들이 널리 전파되고도 남을 시간이다. 국외에 서버가 있다는 것이 절차 지연의 이유가 되기도 한다. 하지만 국외에 서버가 있다는 이유로 17년간 방치됐던 소라넷이 진선미 더불어민주당 의원이 문제 삼은 뒤 단 6개월 만에 폐쇄된 것을 보면 정말 그것만이 원인이었을까 싶다. 어려움이 있다면 해외 공조를 공고히 하는 등 신속한 처리를 위한 방법을 모색해야 할 일이다.

　불법촬영은 이제 일상으로 더욱 광범위하게 파고들고 있다. 지하철, 백화점 등에서의 불법촬영은 이미 익숙한 뉴스가 된 지 오래고, 직장, 집 안, 학교 등 안전한 곳이 하나도 없을 지경이다. 여성들 입장에서는 "힘없고 권력 없는 여성이 피해자이기 때문에 제대로 대책을 마련하지 못하고 있다"고 소리 지를 만하고, 이는 어느 정도 사실이다.

일상이 무너지면 삶이 무너지고, 삶이 무너지면 사회가 무너지고, 사회가 무너지면 국가도 아무 소용이 없다. 피해 보상이나 사과조차 이루어지지 않은 불법 디지털 영상 유포 사건에서 가해자에게 집행유예를 선고한 이유를 들어본다.

> A씨의 범행으로 제공된 영상자료는 타인에게 유포될 위험성이 있고 유포 시 피해자는 돌이키기 어려운 인격적 피해를 볼 수 있다. A씨의 범행을 알게 된 피해 여성은 성적 수치심과 모멸감은 물론 커다란 정신적 충격과 고통을 받았을 것으로 보이지만 A씨는 피해를 변상하거나 용서받지 못했다. 다만 A씨가 B씨로부터 헤어지자는 말을 듣게 되자 술을 마신 상태에서 충동적으로 범행을 저지른 것으로 보이는 점,

형사처벌 전력이 없다는 점, 젊어서 자신의 성행을 개선할 가능성이 기대되는 점 등을 고려했다.(부산지법 형사3단독 이영욱 부장판사)

한마디만 하자. 말세다.

저항하다 처벌당한 피해자의
56년 만의 미투

혀 절단으로 방어한 성폭력 재심 청구 사건

2019년 7월 17일, 광주고등법원(제1행정부 부장판사 최인규)은 60대 여성 택시운전기사를 성추행한 초등학교 교감에 대한 해임처분이 부당하다는 취지의 판결을 했다. '피해자가 사회 경험이 풍부한 60대 여성이고, 진술 내용상 성적 수치심이 크지 않았던 것으로 보인다'는 이유에서였다.

다행히 그해 12월 대법원은 해당 사건의 상고심에서 사건을 파기환송했다. "교원 직무의 전문성은 다른 전문직에 비해 고도의 자율성과 사회적 책임성을 가진다는 사회적·윤리적 특성이 있으므로 높은 수준의 직업윤리의식을 갖춰야 한다" "피해자가 고령이거나 사회경험이 풍부하다는 점을 내세워 사안이 경미하다거나 비위 정도가 중하지 않다고 단정 지으면 안 된다. 교원의 신뢰를 실추시킨 교감이 교단에 복귀한다면 학생들이 과연 교육을 받을 헌법상 권리를 누리는 데 아무런 지장도 초래하지 않을 것인지를 고려하면, (해임 처분이) 사회통념상 현저하게 타당성을 상실했다고 보기 어렵다"는 판단이었다. 그나마 대법원이 지극히 상식적인 판단을 해준 것이다.

앞의 고등법원 판결에 대해 많은 사람들이 '수십 년 동안 가정폭력을 당한 사람은 많이 맞아서 덜 아픈 것인가' '나이 든 여성은 성폭력 피해자가 될 수 없는가' '피해자다움을 강요하는 잘못된 사회적 통념을 강화하는 판결이다'라는 등 비판을 했다. 이는 분명히 나이 많은 여성(또는 '섹시하지 않은' 여성), 사회 경험 많은 여성(또는 '성 경험이 많은' 여성)은 성폭력 피해자가 될 수 없다는 잘못된 통념에 근거했다는 혐의를 벗기는 어려울 것이다.

사실 앞의 고등법원 판결을 보고, 요즘에도 이런

판결을 하나 싶었다. '성인지 감수성'이라는 용어가 판결문에 등장하는 시대에 말이다. 과거 피해자의 사회적 경험, 성 경험 유무, 나이를 근거로 피해자인지 아닌지를 노골적으로 법정에서 다투던 때가 있었다. 가해자들은 법정에서 대놓고 피해자가 '처녀'인지 물어보고, 사건 당시 피해자의 옷차림, 평소 행실까지 샅샅이 파헤쳐 무죄를 입증하려고 했다. 요즘은 최소한 대놓고 저렇게 주장하기는 어렵다고 생각해왔는데, 위 판결을 보니 내가 너무 앞서간 게 아닌가 반성했다.

성폭력 범죄는 피해자가 유발한 남성의 성적 충동으로 인하여 발생한다는 통념이 존재한다. 이는 종종 피해자의 행실 책임론으로 귀결되어 성범죄를 저지른 남성이 형을 감면받거나, 심지어 무죄를 받는 근거로 사용되었다. '야한 옷을 입어서' '평소 행실이 방정하지 못해서' '남성과 데이트를 즐기며 성관계를 허락한 것처럼 착각하게 해서' 등 여성이 남성의 성적 충동을 유발해 성범죄가 발생했다는 것이다. 또한 성폭력 재판에서 종종 나이가 많은 여성이나 '예쁘지 않은' 여성에게는 남성의 성적 충동이 생길 리가 없다면서 그 사실이 앞의 판결에서처럼 혐의를 부정하는 논거로 인용된다.

과연 성폭력 범죄가 피해자가 가해자에게 유발한 성적 충동의 결과물일까. 경찰청에서 집계한 성범죄 통계 분석 결과를 보면, 전체 성범죄에서 40대 이상인 피해자가 차지하는 비율이 14.9퍼센트(2012년), 19.5퍼센트(2016년)에 이른다. 이처럼 성범죄 피해자 다섯 명 중 한 명은 40대 이상 중·노년층이다. 또한 여성가족부가 한국여성정책연구원에 위탁하여 수행한 '2017년 아동·청소년 대상 성범죄 동향 분석'(2016년 1년간 유죄판결이 확정된 신상정보 등록 대상자의 판결문 분석)에 따르면, 아동·청소년 성범죄 피해자의 평균연령이 14.6세이고, 19.7퍼센트가 13세 미만의 피해자이며, 6세 이하의 피해자도 2.7퍼센트(105명)를 차지한다. 이처럼 성폭력 범죄는 피해자의 나이, 외모, 상황에 관계없이 일어난다.

6세 이하의 어린아이나 70대 노인에게 성폭력을 저지르는 이유는 무엇인가. 취약한 상황의 여성들이 주로 성폭력의 피해자가 되는 이유는 무엇인가. 위 통계치가 말해주듯 성폭력 범죄는 피해자가 유발한 성적 충동의 결과가 아니라, 약자에 대한 폭력이다. 피해자의 나이, 외모, 차림새, 성 경험 유무, 사회적 경험 등은 피해자가 성폭력 범죄의 피해자인지 여부를 따지는 데 전혀 고려대상일 수 없다.

성폭력 피해 여성이
억울하게 실형을 살게 된 이유

최근 나는 1964년에 발생한 성폭력 사건을 하나 알게 되었다. 2018년 미투 열풍이 뜨겁던 때, 한 여성이 평생을 가슴에 품은 사연을 갖고 여성단체를 찾아왔다. A씨는 성폭행 피해자였음에도 오히려 남자에 대한 중상해범으로 기소되어 6개월 이상 감옥생활을 했다. 그 억울함을 평생 품고 살아오다 미투 열풍을 보면서 용기를 내 여성단체를 찾아오신 것이다. 지금이라도 본인의 억울함을 풀 길이 있는지, 방법이 있다면 끝까지 싸워보기 위해서 말이다.

　나는 A씨의 사연이 〈단지 그대가 여자라는 이유만으로〉(1990)라는 영화의 내용과 유사하여 깜짝 놀랐다. 배우 원미경이 주연한 이 영화는 실화를 바탕으로 했다. 가정주부인 한 여성이 젊은 남성에게 성폭행을 당하는 상황에서 남성의 혀를 깨물었는데, 오히려 남성은 여성이 자신을 유혹하여 성관계를 하고 혀를 깨물어 자신에게 상해를 입혔다고 주장한다. 여성은 구속된 후 1심에서 유죄판결을 받지만, 천신만고의 법정 투쟁 끝에 정당방위로 무죄를 선고받는다. 하지만 그 과정에서 자살까지 시도하는 등 여성에 대한 갖은 편견에 무력하게 노출되어 인생이 송두리째 흔들리는 최악의 경험을 하게 된다는 내용이다.

여성단체를 찾아온 A씨는 사건 당시 만 18세였고 성폭력범은 25세였다. A씨는 자신의 집 앞에서 지인과 함께 찾아온 남자를 처음 만났고 남자가 잠깐 걸으면서 이야기하자고 집요하게 매달려 집에서 150미터 정도 걸으면서 이야기를 나누었다. 남자는 갑자기 돌변해 A씨를 쓰러뜨리고 키스를 하려고 했고, 도망가려는 그녀를 세 번이나 붙잡고 쓰러뜨렸다. 바닥에 쓰러진 A씨는 실랑이 끝에 자신의 입속으로 들어온 남자의 혀를 깨물어 그 혀가 일부 절단되었다. 며칠 뒤 남자는 A씨가 자신의 혀를 끊었다는 이유로 10여 명의 청년들과 함께 그녀의 집에 침입하여 식칼로 A씨의 아버지를 죽인다고 위협했다. 천신만고 끝에 A씨 부친의 신고로 남자는 체포되었다. 남자는 자신의 혀를 깨물어 자른 A씨를 중상해죄로 고소했고, 경찰은 그녀의 행위를 정당방위로 판단했으나 검찰이 이를 뒤집었다. 검찰은 A씨 행위가 과잉방위라면서 그녀를 중상해 혐의로 기소하고 구속했다.

법원은 A씨의 정당방위 주장에 대하여 '강제키스로부터 처녀의 순결성을 방위하기 위한 것이라고 하더라도 젊은 청년을 일생 불구로 만들었고, 사춘기의 처녀가 범행 장소까지 자유로운 의사로 따라간 것은 이성에 대한 호기심의 소치이며, 이는 남자로 하여금 그녀가 자신에게 마음이 있는 것이라고 착각을 불러일으키고 키스하려는 충동을 일으키게 한 데 대한 도의적 책임도 있다고 할 수 있는 점' 등을 들어 A씨의 주장을 받아들이지 않았다. 또한 법원은 A씨가 소리를 질러 구조 요청을 하지 않았다고 질책하였다. 소리를 질렀음에도 아무도 구하러 오지 않았다면 그녀는 어찌 되었을까. 남자가 그녀의 목을 조르고 입을 틀어막는 등 더 강한 폭력으로 그녀를 제압하여 종래는 더 큰 위험에 노출되었을 것이다. 목숨을 잃었을 수도 있다. 그럼에도 법원은 그녀가 그러한 위험을 감수하지 않은 탓을 하며 정당방위를 인정하지 않았다. 여자가 성폭력을 당할 상황에서 목숨 정도는 걸어야 하는 것 아니냐는 법원의 저의가 읽히는 대목이다. A씨는 두려움에 몸이 굳고 수치심에 소리를 지르지 못했다고 한다. 실제 다수의 성폭력 피해자들이 '수치심'이나 '몸이 굳음'으로 인해 소리를 지르지 못했다고 하는 조사 결과가 있고, 과학적으로는 이를 '긴장성 부동화 현상'이라고 부른다.

당초에 남자는 그녀에 대한 강간미수나 강제추행으로 기소조차 되지 않았고 특수주거침입, 특수협박으로만 기소되었다. A씨는 재판 종결 시까지 130일 이상을 구속된 채 재판을 받았고, 흉기를 들고 A씨의 집에 침입하여 생명을 위협한 남자는 불구속 상태로 재판을 받았으며, 최종적으로도 A씨보다 경한 형을 선고받았다. A씨는 재판과정에서 성폭행범과 같은 재판의 피고인이 되어야 했다. 그녀는 피고인 1, 남자는 피고인 2였다. 심지어 재판과정에서 '어차피 이런 험한 일 당한 처녀가 혼인하기는 어려울 것이고, 남자도 불구의 몸으로 혼인이 어려울 것이니 둘이 혼인하라'는 설득이 지속되었다고 한다. A씨는 성폭행범과의 결혼 권유를 끝까지 거부했고, 결국 130일이 넘는 긴 시간 동안 구속된 채 재판을 받고 실형을 선고받았다.

　이 사건으로 인한 A씨의 억울함은 평생 그녀를 지배했고, 지워지지 않은 문신처럼 그녀의 몸에 새겨졌다. A씨는 70세를 훌쩍 넘긴 나이에도 그 억울함을 그대로 간직한 채 혹시나 하는 일말의 희망을 품고 여성 단체를 방문했다.

　'처녀의 몸으로 처음 만난 남자와 이야기한 죄'는 A씨를 감옥에서 썩게 만들고 석방된 후에도 감옥 생활과 다를 바 없는 고통의 시간을 보내게 했다. 1960년대의 '그녀'가 지은 죄는 성폭행 피해자는 순결을 지키기 위해 죽도록 저항해야만 한다는 부당한 여성 판타지를 충족하지 못한 것이었다. 처녀가 감히 낯선 남자와 이야기한 것 그 자체가 죄이며, 죄지은 여인이 앞날이 창창한 청년을 불구로 만들고도 결혼마저 거부했으니 몇 달 감옥에 가두는 단죄는 너무도 당연한 일이었다.

　영화 〈단지 그대가 여자라는 이유만으로〉의 실화는 1980년대 일어났다. 1980년대의 '그녀'는 가정주부의 몸으로 20대 남성의 성폭행을 피하려고 혀를 깨물었다가, 오히려 구속되어 재판을 받으며 유부녀가 총각을 유혹했다고 손가락질당하며 온갖 수모를 겪는다.

재판에서 이 여성은 총각이 나이 든 유부녀에게 성적 충동을 느낄 리 없다는 통념으로 시작해 오래전 과거까지 파헤쳐져 단죄당했다. 영화 속에서는 시누이의 위증이 밝혀져 결국 무죄를 선고받지만, '성폭력 피해자일 리 없는 유부녀가 청년의 혀를 깨물어 창창한 앞날을 망친 죄'의 값은 이미 치르고도 남는 결과였다.

운전사로 일하던 2019년의 '그녀'는 60대의 나이 많은, 사회 경험 많은 여성이라는 이유로 성폭력의 수치심조차 가볍게 취급당했다. 처녀인지 아닌지를 묻던 예전에 비해 조금 덜 노골적으로 공격당할 뿐, 그녀들은 여전히 성폭력 재판에서 피해자 여부를 증명하기 위해 분투하고 있고, 가해자에 의해 평소의 성격, 행실, 말 한마디 한마디를 까발림당하고 있다.

절대 포기하지 않고 싸우는 '그녀'들

성폭력 피해자는 똑똑해서도 안 되며('똑똑한데 당할 리가 있나'), 성폭행을 당한 후에 멀쩡하게 사회생활을 해서도 안 되고, 밝고 쾌활하게 살고 있어도 안 되며,

결혼(또는 이혼)한 경험이 있어서도 안 된다(여전히 '행실'이 중요하다).

이 땅의 여성들이여, 이러한 점을 잘 숙지하자. 성폭력의 피해자로 인정될 만큼 젊지 않거나, 예쁘지 않거나, '정숙'하게 생활해오지 않았다면 더더욱 잘 숙지해야 한다. 성인지 감수성이 판결문에 기록되는 세상이 왔어도, 피해자는 어떠해야 하는지 잘 숙지하지 않고 있으면, 언제 어떻게 피해자에서 가해자로 둔갑하게 될지 모를 일이기 때문이다.

그럼에도 여전히 희망을 품고 있는 것은, 1960년대의 그녀들부터 오늘의 그녀들까지 온갖 모욕과 굴욕에도 여성들은 멈추지 않고 싸워왔다는 사실 때문이다. 1964년의 그녀는 오랜 시간 기다려왔지만 오늘까지 싸움을 포기하지 않았고, 2020년 마침내 재심 청구를 했다. 56년 만이었다. 오늘의 그녀들은 싸워서 성인지 감수성을 제대로 판결문에 새겨 넣었다.

　　　　법원이 성폭력 등 관련 소송의 심리를 할 때에는 그 사건이 발생한 맥락에서 성차별 문제를 이해하고 양성평등을 실현할 수 있는 '성인지 감수성'을 잃지 않아야 한다. 우리 사회의 가해자 중심의 문화와 인식, 구조 등으로 인하여 성폭행이나 성희롱 피해자가 피해 사실을 알리고 문제를 삼는 과정에서 오히려 피해자가 부정적인 여론이나 불이익한 처우 및 신분 노출의 피해 등을 입기도 하여온 점 등에 비추어 보면 성폭행 피해자의 대처 양상은 피해자의 성정이나 가해자와의 관계 및 구체적인 상황에 따라 다르게 나타날 수밖에 없다. 따라서 개별적, 구체적 사건에서 성폭행 등 피해자가 처하여 있는 특별한 사정을 충분히 고려하지 않은 채 피해자 진술의 증명력을 가볍게 배척하는 것은 정의와 형평의 이념에 입각하여 논리와 경험의 법칙에 따른 증거판단이라고 볼 수 없다고 할 것이다.

(서울고등법원 2018노2354 판결)

그녀는 왜 임용 10개월 만에 죽음을 택했나

직장 내 성희롱이 불러온 죽음과 공무재해

2018년 말 나는 국방부에서 주최한 대체복무제 마련을 위한 공청회에 토론자로 참석했다. 토론자 네 명 가운데 유일한 여성이라 특히 더 긴장한 채로 토론을 진행했다. '군대도 가지 않는 여성이 군대 문제를 논할 자격이 있느냐'는 자극적이고 일차원적인 공격이 언제 어디서 날아들지 모를 일이었기 때문이다. 두 시간여 토론의 말미, 한 참석자가 많이 참았다는 듯 나에게 말했다. "여자는 군대 갔다 오기 전에는 발언을 하지 마시오." 귀를 의심하던 중 옆자리 다른 토론자가 먼저 "차별적인 발언"이라며 항의를 했고, 나도 순간 화를 참지 못하고 "출산을 못하는 남자들은 출산정책에 대해 아무 말도 하지 말라는 것과 똑같습니다. 발언하시는 분은 남자인데 출산에 대해 이야기하지 않습니까"라며 언성을 높이고 말았다.

생각해보면 여성으로서 나는 늘 긴장된 삶을 살아왔다. 학생일 때도, 어른이 되어 변호사라는 직업을 갖게 된 뒤에도, 언제 어디서 내가 여성이라는 것이 문제가 될지 모르기 때문이었다. 성희롱·성폭력에서, '여자는 이래야 한다, 저래야 한다'는 지적에서 자유롭지 못했다. 여자라는 이유로 나의 능력이 저평가될까 봐 긴장하고 또 긴장하며 살아왔다. 쉰 살이 다 된 지금도 나는 여성이라서 군대를 갔다 오지 않았다는 이유로 발언권을 제지당하는 삶을 여전히 살고 있다. 이렇게 상시적인 긴장 속에서 고단하게 살고 있는 여성이 어디 나뿐인가. 2018년 1월 서지현 검사가 검찰 내 성폭력 피해 사실을 폭로한 뒤, 연극계·문학계 등 각계각층에서 이어진 여성들의 성희롱·성폭력 피해 사실 고발과 이에 연대하는 해시태그 미투운동을 보면서 나는 격려의 박수를 치기보다 속으로 눈물을 흘려야 했다. 지위 고

하를 막론하고 여전히 여성의 삶은 고단하다는 사실, 그리고 오직 위안이 되는 것은 '나도 당했다'고 외치는 슬픈 연대라는 사실 때문에….

친구 한 명에게만 남겼던 '비밀'

죽은 뒤에 나를 찾아온 그녀는 20대 후반의 갓 결혼한 공무원이었다. 정확히 말하면 나를 찾아온 것은 그녀의 남편이었다. 그녀는 수년간 공무원이 되기 위해 공부한 끝에 4전 5기 만에 공무원 시험에 합격했다. 그런데 어렵게 공부해 공무원이 된 그녀가, 임용된 지 불과 10개월 만에 자살로 생을 마감했다는 것이다. 대체 그녀는 왜 죽어야 했단 말인가. 그렇게 원했던 공무원 시험에 합격했고, 그녀를 헌신적으로 뒷바라지한 사랑하는 남편과 행복한 삶만 꿈꾸면 됐는데 말이다.

　　장례를 치르고 난 뒤 그녀의 휴대폰에서 친한 친구와 주고받은 카카오톡 대화 내용을 확인하고서야 남편은 아내가 왜 병이 들었고, 자살에 이르게 되었는지 어렴풋이 알게 되었다. 그녀는 공무원으로 임용된 뒤 직장에서 성희롱과 성차별에 시달려왔던 것이다. 남편은 아내의 카톡에서 실명이 확인되는 가해자들의 성희롱 행위에 대해 국가인권위원회에 진정을 했고, 인권위원회는 조사 결과 성희롱 사실을 확인했다. 이 일로 관계 기관은 발칵 뒤집혀 성희롱 전수조사를 하고 성차별적 문화 개선과 엄벌 등 성희롱 예방을 위한 제도 개선책을 마련했다.

그런데 문제는 그녀의 죽음이 공무상 재해가 아니라는 공무원연금공단(이하 공단)의 판단에 있었다. 공단은 그녀의 발병과 그로 인한 자살은 기질로 인한 것일 뿐 직장 내 성희롱 등은 아무런 영향도 끼치지 않았다고 봤다. 언어적 성희롱 몇 번 당한 것이 우울증을 발병시키거나 악화시키기에는 미흡하다는 이야기였다.

그녀는 입사 뒤 6개월간 시보(일종의 수습) 공무원이었다. 6개월간의 근무성적이 좋으면 정식 공무원으로 임용될 수 있었다. 그녀를 성희롱한 사람은 모두 그녀의 근무성적을 평가하는 상급자였다. 정식 임용을 앞둔 그녀는 그들의 부당한 지시나 성희롱에 문제 제기를 하기 어려운 처지였다. 그녀의 근무공간은 매우 좁은 연구실 같은 곳이었는데, 그 좁은 공간에서 성희롱 가해자와 함께 일해야 했고, 심지어 나중에 그녀가 성희롱 피해 사실을 외부에 알린 뒤에도 4개월 가까이 가해자와 분리되지 못하고 같은 공간에서 근무했다. 게다가 그녀는 가해자들을 포함해 직장 상사들에게 "이쁜이"라 불리며 수시로 커피를 타는 등 업무와 무관한 성차별적인 업무를 수행해야 했다.

가해자를 밝혀낼 수 있었던 여러 차례의 성희롱 외에도, '나는 딸을 안을 때 가슴이 닿는 느낌이 좋다'거나 회식 뒤 '쉬었다 가자' '둘이 같이 가서 옷을 골라 달라'는 등 직장 상급자의 농담을 가장한 성희롱 발언이 그녀를 비롯한 다른 여성 동료들에게 일상적으로 행해지고 있었음이 그녀가 남긴 기록에서 확인됐다. 그녀의 여성 상급자도 성희롱을 당하기는 마찬가지였는데 그녀들 또한 시보 공무원에 불과한 그녀와 다를 바 없이 아무런 문제 제기도 하지 못했다. 정식 공무원이 되고 승진을 해도 성희롱이나 성차별적인 관행에 대해 문제제기를 하지 못하는 여성 상급자들을 보며 그녀는 무슨 생각을 했을까. 끝없이 암울할 자신의 미래를 생각했을까.

'농담 하나 받아들이지 못하는 사회성 없는 예민한

여자'로 찍히지 않기 위한, 상급자에게 좋은 평가를 받기 위한 스스로의 침묵은 그녀를 병들게 했다. 견디다 못한 그녀는 책임자에게 가해자를 특정하지 않은 채, 성희롱을 여러 차례 당했으니 성희롱 방지 교육을 실시해달라고 요청했다. 단 자신이 이런 요청을 한 사실은 비밀로 해달라고 했다. 그러나 바로 이튿날 가해자 한 명이 찾아와 그녀에게 사과를 했다. 그녀는 사과를 받아 기쁘기보다는 가해자가 즉시 알고 찾아왔다는 사실에 더 큰 두려움을 느꼈고 '이 일은 앞으로 직장생활에서 내게 두고두고 족쇄가 될 것'이라는 내용의 카톡 메시지를 친구에게 남겼다.

소송 중 공단은 일부 성희롱 가해자가 직접 작성한 진정서를 증거로 제출했는데, 나는 그 내용을 보고 경악하지 않을 수 없었다. 그녀에 관해 '원래 직장생활 부적응 성격으로 업무를 정상적으로 수행하지 못할 정도였고 무능력'했으며, 심지어는 '좋아하는 연예인의 열애 기사가 죽음에 영향을 주었다'는 내용이었다. 기관의 징계까지 받고도 저런 내용의 진정서를 쓴 가해자들의 태도도 태도였지만 더 어처구니없었던 것은 그 진정서를 증거랍시고 법정에 제출한 공단의 태도였다. 나는 공단 측의 문제와 더불어, 반성은커녕 심각한 명예 훼손적 내용의 진정서를 제출한 가해자들의 태도에 비추어 볼 때 그녀가 생전에 가해자들로 인하여 얼마나 고통받았을지 충분히 짐작할 수 있다며 그녀의 자살이 공무상 재해로 인한 것임을 강조했다.

공단은 우울증으로 인한 그녀의 자살이 성희롱과는 무관한 것이며, 그녀가 우울증 진단과 치료를 위해 찾은 병원에서 한 번도 의사에게 이런 사실을 언급하지 않았다는 것도 판단 근거로 삼았다. 그녀가 정신과 의사에게 상담을 하면서도 성희롱 피해 사실 등을 이야기하지 않은 건 그것이 우울증과 관련이 없었기 때문이라는 논리였다. 그녀는 상담 의사에게뿐만 아니라, 입사 동기들과 카톡으로 직장 내 고충에 대해 활발히 대화를 나눌 때에도 성희롱 피해 사실만은 밝히지 못했고 남편에게조차 이를 털어놓지 못했다. 오직 친구 한 명에게만 피해 사실을 토로했다.

이는 성폭력(성희롱도 넓은 의미의 성폭력에 해당한다) 피해자들에게서 많이 발견되는 모습이다. 많은 성폭력 피해자가 피해 원인을 자기 자신에게로(자신의 행실로) 돌림으로써 죄책감 때문에 우울감에 빠지거나 자해행위를 하기도 한다. 또한 수치심 때문에 피해 사실을 대수롭지 않게 넘기려고도 하고, 치료를 받으러 가서도 피해를 당한 사실은 말하지 않으려 한다. 이처럼 피해자들이 피해 사실을 말하지 못하는 데는 여러 까닭이 있겠지만, 가장 주된 이유는 성희롱 피해 사실을 공개하더라도 피해가 회복되기 어렵고, 오히려 2, 3차 가해는 당연한 부록이며, 결국에는 피해자 자신이 직장과 공동체에서 손가락질받고 쫓겨날 것을 잘 알기 때문일 것이다. 그런데 공단은 그녀의 이런 전형적인 태도를 오히려 그녀의 죽음과 성희롱 피해 사실이 전혀 무관하다는 근거로 사용하고 그녀의 기질만을 문제 삼은 것이다.

끝내 놓을 수밖에 없었던 그녀의 삶

나는 그녀의 우울증이 원래 그녀의 우울 기질에서 유래한 것이 아니었음을 증명하려 초·중·고등학교 생활기록부를 뒤지고 대학 친구들까지 찾아 그녀의 과거 생활을 추적했다. 쾌활하고 밝은 사람이었다. 수년의 긴 수

험 기간을 견뎌낸 강인한 사람이었다. 그녀가 당한 언어적 성희롱만 떼어놓고 보면 '추행이나 강간도 아니고, 언어적 성희롱 몇 마디 들었다고 자살까지 하나'라고 반문할 수도 있을 것이다. 하지만 그녀는 언어적 성희롱 자체로 인한 고통을 회피하고자 죽음을 택한 것이 아니다. 언어적 성희롱을 비롯한 성차별적 근무환경에 수시로 노출되면서 우울증이 발병했고, 급격히 우울증이 악화됐으며, 결국에는 병이 깊어져 스스로를 통제하지 못하고 죽음에 이르게 된 것이다.

그녀가 우울증에 걸리지 않았다면 성희롱과 성차별을 견뎌낼 수 있었을지도 모를 일이다. 참고 인내하면서, 때론 싸우면서 죽을힘을 다해 견뎌나갔을지도 모를 일이다. 나는 소송을 하면서 이 억울한 죽음에 대해 감정적으로 호소하지 않고 과학적으로 규명하려 노력했다. 자살의 원인을 밝혀내는 철저한 심리적 부검(자살자의 가족을 비롯한 지인을 심층적으로 인터뷰하고 고인의 유서나 일기 등 개인적 기록과 병원 진료 기록 등을 분석해 자살의 이유를 과학적으로 규명하는 작업)을 거쳐, 우울증 발병과 악화의 원인이 수시로 발생하는 성차별과 성희롱을 견뎌야 했던 직장 내 환경에 있었다는 것을 밝히고 싶었다.

직장 내 성희롱이 경중을 불문하고 심각하게 고려돼야 하는 것은 성차별적 사고에서 비롯된 성희롱이 여성이 일하는 근무환경을 크게 악화시키기 때문이다. 성차별로 인한 근무환경의 악화는 결국 여성이 직장에서 견디기 어렵게 만들고, 여성을 사회에서 격리시키게 된다.

소송은 1심 패소, 2심·3심 승소로 그녀가 사망한 지 수년이 지나서야 끝이 났다. 판결문을 받아 들고 판결문에 기록된 그녀의 행적을 되새겨보았다. 그녀는 끝까지 살기 위해 노력했다. 병원을 찾아가고 약을 복용하고, 아이를 낳을 계획을 세웠다. 그런데도 마지막 순간 삶을 놓을 수밖에 없었던 그녀를 생각하니 눈물이 솟구쳤다.

가해자들은 자신에게 잘못이 있다 해도 피해자의 죽음과는 상관없는 잘못이라고 생각하는 것 같다. 그들의 생각처럼 그녀의 죽음 자체는 이례적인 것이었는지도 모른다. 그러나 수많은 여성이 직장 내 성차별과 성희롱, 성폭력으로 때론 죽고 싶을 만큼의 고통을 받고, 실제 죽기도 한다는 것은 부인할 수 없는 사실이다. 서지현 검사의 폭로 이후 많은 여성이 직장 내 성폭력 등의 피해 사실을 드러내는 데 동참했다. 이는 여성들의 사사로운 투정이나 남성에 대한 모함이 아니라 직장과 사회에서 동등한 동료로, 인간으로 살아가기 위한 자구책이다. 그나마 여성들이 말하고 외치고 드러내는 것은 지금보다 나아질 수 있다는 희망을 갖고 있다는 징표다. 희망이 좌절되는 순간 그녀의 이례적인 죽음은 일상이 되어, 집단으로 뛰어내려 자살하는 레밍처럼 모두가 손을 잡고 절벽 아래로 떨어질지도 모른다. 이른 새벽, 희망의 좌절보다 희망의 실현을 믿고 싶다. 혐오와 차별의 언어보다 공감의 언어가 훨씬 더 힘이 세다는 것을 믿고 싶다.

15세 소녀는 왜
성매매 범죄자가 되었나

아동·청소년 대상 성착취와 자기결정권

2018년 10월 미국 법무부는 역대 최대 규모의 아동 성착취물 사이트 '웰컴투비디오'에 대한 수사 결과를 발표하면서 해당 사이트 운영자인 한국인 손정우에 대한 기소장을 공개했다. 그는 2018년 3월 한국 경찰에 체포돼 1년 6개월의 실형을 선고받고 수감 중이었다. 이 일로 손정우와 사이트 이용자들에 대한 한국 사법부의 솜방망이 처벌이 논란이 되며 여론이 들끓었고, 그에 대한 미국의 범죄인 인도 요청을 불허한 법원 결정으로 인하여 다시 한번 여론이 들끓었다. 미국은 2년 넘도록

4개국과의 공조와 32개국의 협조하에 수사를 진행해 그를 아동음란물 광고 및 배포, 미성년자를 이용한 노골적 성표현물 제작, 자금세탁 등의 혐의로 기소하였다. 그리하여 2019년 2월부터 범죄자 인도 조약에 따라 범죄자 인도 청구 절차를 진행하여 같은 해 4월 19일 대한민국 외교부 장관에게 인도요청이 송달되었다. 그런데 한국 법원은 2020년 7월 7일 그에 대한 범죄인 인도를 불허하는 결정을 하였다. 법원은 미국이 기소한 범죄에 대하여 손정우가 "아동·청소년 이용 음란물을 제작·촬영·배포·소비되도록 거래구조를 설계 운영하는 과정에서 실제로 아동들이 감금·납치·인신매매되어 성폭행을 당하기도 했다는 점을 인정했다. 이는 책임의 무게와 비난 가능성이 크다"고 밝혔다. 그러면서도 "대한민국이 범죄인의 신병을 확보함으로써 주도적으로 대한민국의 아동·청소년 이용 음란물 관련 수사를 보다 적극적으로 철저히 진행할 수 있을 것이다" "청구국(미국)으로 범죄인을 인도함으로써 법정형이 더 높은 청구국의 형사법에 따라 범죄인을 처벌하도록 하는 것이 범죄인 인도법의 기본취지나 입법목적이라고 보기 어렵다" "대한민국에서 범죄인의 신병을 확보하여 아동·청소년 이용 음란물이 배포·판매되도록 하는 거래구조를 설계하고 운영하여 이득을 취한 범죄인을 엄중하게 처벌함으로써 그러한 위하적 효과에 의한 범죄의 예방과 억제가 일정부분 달성될 수도 있다"는 등의 이유로 범죄인 인도를 불허하였다. 손정우가 이미 1년 6개월의 복역을 마쳐가던 상태에서 나온 이러한 법원의 말장난 같은 판결에, 피해자들보다 미국에서 처벌될 가해자 손정우를 더 걱정한 결정이라는 비난이 빗발쳤다. 반인륜적 범죄를 저지른 자를 인도하여 적법절차에 따라 처벌받게 하는 것이야말로 법의 목적과 정의에 부합하는 것이겠건만, 성범죄 사건에서 법원이 피해자보다 가해자에게 더 공감하고 판결하는 것이 어디 하루이틀 일인가.

1심 재판에서 손정우는 나이가 어리고 별다른 범죄 전력이 없으며 범행을 반성하고 있다는 등의 이유로 징역 2년에 집행유예 3년을 선고받았다. 석방된 뒤에는 결혼도 했다. 검사의 항소로 진행된 2심에서 재판부는 그의 죄가 무겁다며 집행유예 없이 실형 1년 6개월을 선고하고 법정 구속했으나, 결혼해 부양할 가족이 생겼다는 점을 참작 사유로 삼았다. 재판에서 정상참작을 받기 위한 결혼일 수 있다는 합리적인 의심과 추론이 가능했음에도 법원은 손정우의 희망대로 이를 인정해주었고, 판결이 확정된 지 얼마 지나지 않아 그의 혼인은 무효가 되었다.

그렇다면, 해당 사이트 이용자들은 어떻게 되었을까. 대부분 벌금형을 선고받았으며, 일부 징역형을 선고받은 이용자도 집행유예로 석방됐다. 심지어 공중보건의인 한 이용자는 9세 아동 성착취 영상물 등 불법 영상 33개를 다운받아 소지하고 있었는데도 형사처벌되면 취업이 제한된다는 이유로 벌금형마저 선고 유예됐다. 이 정도면 처벌이 아니고 가히 '대접'이라고 할 만하다. 명백한 성범죄를 저지르고도 이처럼 대접받는 이유는 무엇일까.

15세 소녀는
어떻게 성매매 범죄자가 되었는가

나는 국선보조인으로 성매매 혐의로 소년보호사건 재판에 넘겨진 아이들을 변호했다. 그때마다 의문을 품었던 것은 아동 복지의 관점에서 보호받아야 할 위기의 아이들이 왜 성매매 범죄자 취급을 당하며 재판까지 받는가 하는 점이었다. 가출로 생활이 어려운 아이들은 쉽게 아르바이트를 구할 수도 없고, 설령 일자리를 구해도 임금을 제대로 못 받는 경우가 부지기수다. 이처럼 춥고 배고프고 갈 곳 없는 아이들은 성매매의 유혹에 빠지기 쉽다. 어린 여자아이를 찾는 성인 남성의 수요가 넘쳐나기 때문이다.

기억나는 여자아이가 있다. 남자친구가 사실상 포주 노릇을 하며 아이에게 성매매를 시켰다. 나중에 딸을 찾은 엄마가 이 사실을 알고 경찰에 신고했고, 여자아이 휴대전화에 정보가 저장되어 있던 성인 남성들이 검거됐다. 그런데 문제는 성인 남성들만 성구매자로 조사받은 게 아니라, 여자아이 역시 성매매 혐의가 인정된다며 소년보호사건의 재판을 받게 됐다는 것이다. 그것도 소년분류심사원에 구금된 채.

엄마는 15세 딸아이가 성인 남성들에게 성폭력을 당했다고 생각해 신고했는데, 아이마저 졸지에 성매매 범죄자가 된 것이다. 더 황당하게도, 성을 구매한 성인 남성들은 초범이라는 이유로, 가정이 있다는 이유로 기소유예 혹은 간단한 벌금형의 약식명령을 받고 멀쩡히 일상으로 돌아갔다. 정작 여자아이는 성매매 범죄자로 구금되었다. 여자아이를 접견하고 이야기를 들으면서 나는 어른의 한 사람으로 고개를 들 수가 없었다. 아빠 또래의 남성들 중 단 한 명도 여자아이의 나이를 물은 사람이 없었다. 오히려 성매매 신고를 하겠다고 위협하며 돈을 주지 않거나 계속 만나줄 것을 요구했다. 아이를 변호해주겠다며 이야기를 들으면서도 아이가 왠지 나를 비웃고 있는 것만 같았다. 어른들의 바닥을 본 그 아이를 내가 무슨 자격으로 변호할 수 있단 말인가.

15세로 나이가 같았던 또 다른 여자아이도 있다. 가출한 아이들의 공동체에서 자기보다 나이 많은 남자아이들이 생활비와 유흥비 명목으로 여자아이에게 성매매를 강요했다. 채팅으로 성인 남성과의 성매매를 알선하고, 성매매 대금을 착취하는 방식이었다. 남자아이들의 포주 노릇은 어른들에게 전수받은 듯 똑같았다. 여자아이는 처음에는 같이 자유롭게 생활하는 게 좋았고, 자신이 돈을 벌어 그들과 살 수 있어 다행이라고 생각했으나, 외출마저 감시당하는 생활이 계속되자

무리에서 탈출을 시도했다. 성구매자인 성인 남성에게 사정을 말하고 여러 번 도움을 요청했지만, 대부분 도와주지 않았다. 다행히 한 성인 남성이 도움을 주어 탈출할 수 있었다고 한다. 그러나 강제로 성매매에 동원된 아이는 끝내 소년분류심사원에 구금되었다. 아이가 경찰에서 했던 진술 중 일부에서 자발적으로 성매매를 한 사실이 인정된다는 것이었다.

대체 어린 여자아이들의 성매매를 자발적/비자발적으로 나누는 것이 가능한가. 이런 인위적인 구분 때문에 피해자로 보호받아야 할 위기의 아이들이 구금되고, 처벌받고 있다. 의지할 어른도, 의지하고 싶은 어른도 없는 아이들은 스스로를 돌볼 수 없는 가장 취약한 상황에 놓여 있다. 성구매자들인 성인 남성들은 이처럼 취약한 여자아이들의 상태를 이용해 성을 착취하고 임신이나 성병 감염과 같은 위험까지 이들에게 전가한다. 그런데도 자발적인 성매매라는 이름으로 여자아이들은 피해자가 아닌 범죄자 취급을 당한다. 성구매자인 성인 남성은 잠시 '쪽'팔리고 말면 그만. 심지어 시간이 조금 지나면 그들에게는 이것도 하나의 무용담이자 자랑거리가 된다. 얼마나 어린 여자아이와 했는지….

남성이 유리할 때만 보장되는
아이들의 성적 자기결정권

우리나라 아동·청소년의 성보호에 관한 법률(이하 '아청법')은 '성매매 대상'이 된 아동·청소년(미성년자)을 자발적인 경우와 비자발적인 경우로 나누어왔다. 자발적인 경우에는 성매매 피해 아동·청소년이 아닌 '대상 아동·청소년'이라 칭하며 소년법상 보호처분을 할 수 있도록 규정했다. 자발적인 경우는 성적 자기결정권을 행사하여 성매매를 했다고 보는 것이다. 보호처분은 비록 형사처벌은 아니지만 형법의 대체에 불과하기에, 피해자가 아닌 범죄자로 취급하는 것은 똑같다.

이에 반해 유엔 아동권리협약은 아동 성착취의 형태로 성매매를 명확히 열거하고 있고, '아동 성매매'라는 용어 대신 '성매매 상황에 있는 아동 성착취'라는 용어를 쓰도록 권고하고 있다. 성매매에 동원된 아동은 아동의 합의나 동의 여부를 떠나 성매수 범죄의 피해자라는 점을 분명히 하고 있는 것이다. 2019년 유엔 아동권리위원회는 "한국에서 13세 이상 아동이 성행위에 동의할 수 있다고 취급되어 성착취로부터 보호받지 못하고 있다" "자발적으로 성매매를 했다고 간주된 아이들은 범죄자로 취급되고 보호처분에 의해 구금되기 때문에 자발적으로 신고를 못 하는 것은 물론 법률적 조력 및 성폭력 피해 지원을 받지 못하고 있다"고 지적하고, 성매매 아동·청소년의 지위를 범죄자가 아닌 피해자로 분류할 것을 촉구했다.

'탁틴내일' 등 시민사회단체는 성매매 범죄의 대상이 된 미성년자들을 '피해 아동'으로서 보호하라며 '대상 아동·청소년 조항'을 개정하라고 요구했으나(국가인권위원회도 법 개정을 권했다), 개정 법안은 국회에서 오랫동안 계류되었다. 법무부는 이에 대해 '궁박한 상태를 이용당했음'을 입증한 아동과 청소년만 피해 아동으로 보겠다는 입장을 고수했다.

아동과 청소년이라는 것 외에 무엇을 더 입증해야 궁박한 상태가 입증이 될까. 50대 이상의 성인 남성이 주를 이루고 있는 국회 역시 너무나 예상 가능하게도 '대상 아동·청소년'을 '피해 아동'으로 바꾸는 법 개정을 서두르지 않았다. 아니, 반대했다.*

＊ 아청법 개정을 위한 논의는 2016년 국회에서 개정안이 발의

2017년 대법원은 15세 여중생과 성관계를 맺어 임신에 출산까지 하게 한 49세 기획사 대표에게 무죄를 선고해 크게 논란이 됐다. 법원은 아이가 성적 자기결정권을 행사하여 성관계에 동의했고 두 사람이 연인 사이였다는 가해 남성의 주장을 받아들였다. 미성년자는 미성숙하여 어른이 보호·양육해야 한다는 주장이 왜 성인 남성과의 성적인 문제로 얽히면, 남녀 간의 사랑에 따른 성적 자기결정권의 행사로 둔갑하는가.

2019년 서울고등법원은 35세 남성이 채팅으로 만난 10세 여자아이를 집으로 데려와 술을 먹이고 양손

된 것을 시작으로 2017년 국가인권위원회의 개정 권고, 2019년 10월 유엔아동권리위원회의 개정 권고 등 4년간의 지난한 싸움이 있었으나 개정이 번번이 좌절되었다. 그러다 최근 조주빈 등이 주도한 'n번방 사건'에서 아동·청소년 피해자가 극심한 피해를 입은 사실이 알려지면서 법 개정에 대한 공감대가 크게 형성되었고, 2020년 4월 30일 마침내 아청법의 '대상 아동·청소년' 조항이 폐지되고 성매매의 상대방이 된 모든 아동청소년이 '성착취 피해 아동·청소년'으로 보호받을 수 있게 되었다. 법이 개정되었다고 해서 아동·청소년들의 피해가 사라지는 것은 아니다. 여전히 하루가 멀다 하고 아동·청소년들에 대한 성착취 기사가 인터넷을 도배하고 있다. 법 개정은 시작일 뿐이다.

으로 누르고 강간한 사건에 대해 항거 불능의 폭행이 없었다며, 13세 미만 의제강간죄로 3년형을 선고했다. 강간에 대해 유죄를 인정한 1심 판결을 뒤집은 것이다. 의제강간죄가 없었다면, 남성은 무죄 판결을 받았을 것이다. 모르긴 몰라도 2심 재판부는 채팅으로 남성을 만난 10세 여자아이의 '행실'에 대한 편견에 기반해 재판했을 것이다. 그렇지 않고서야, 35세 성인 남성이 자신의 집에서 단둘이 있는 상황에서 10세 여자아이에게 술을 먹이고 아이를 양손으로 누른 폭력을 어떻게 항거 가능한 폭력이라고 볼 수 있겠는가. 겨우 10세 여자아이라도 성인 남성과의 성적 구도에서는 '아동'이 사라지고 '여성'만 남는다.

아이들을 제대로 보호하지 못한 어른들의 책임은 어느새 성적 자기결정권, 즉 '자발'이라는 이름으로 둔갑해 아이들을 공격한다. 성인 남성의 성착취에 대해 법과 우리 사회는 왜 이렇게 관대한가. 성인 남성의 성범죄 대상이 성인 여성인 경우에는 말할 것도 없고, 피해자가 아동이라고 해도 처벌의 관대함이 특별히 다르지 않다. 조두순 급의 극악한 폭력을 동반하거나, 아동이 아주 어리거나 하지 않으면 말이다. '남성의 성욕은 마땅히 해소되어야 하는 것'이라서, 이것을 참지 못하게 한 책임은 피해자인 여성이 진다. 심지어 피해자가 아동인 경우에도 성적 자기결정권 행사라는 이름으로 '유혹'과 '행실'의 책임을 묻는다.

아이들도 피할 수 없는
'남성'이라는 이름의 권력

앞서 예로 든 '웰컴투비디오' 사건처럼 아동 성착취 동영상을 제작하고 소비하는 범죄를 저지르는 것은 대부분 남성이다. 성매수자도 대부분 남성이다. 강간 등의 성폭력 범죄자도 대부분 남성이다(2018년 경찰청이 발표한 성범죄 통계치를 보면, 유사강간을 포함해 강간 범죄 가해자의 절대다수인 98퍼센트가 남성이고, 피해자의 97.8퍼센트는 여성이다).

성범죄 처벌법을 만드는 국회도, 수사기관도, 법원도 대부분 남성이 주도하고 있다. 일부 여성이 있다고 해도 남성들이 다져놓은 선례에서 벗어나기 어렵다. 그들은 '가장'인, 혹은 '가장이 되어야 할' 남성들의 성범죄를 '일탈행위'로 치부하고 우대 조치한다. 불법 영상을 촬영한 남성들이 교사 및 공무원 시험을 준비하고 있다는 이유로 처벌이 감경(벌금형에 심지어 기소유예) 혹은 면제되는 것을 보라. '웰컴투비디오' 사건에서 손정우에 대한 양형 참작 사유도, 결혼하여 부양할 가족이 생겼다는 점이었다. 법원이 성범죄자들의 취업을 금지한 직업군에 있는 자들에게 면죄부를 주면서 오히려 법을 무력화하기도 한다. 성범죄로 인해 고통받는 피해자보다는 가해자의 가족 부양이, 가장이 되고 사회를 이끌어 나갈 남성들의 미래가 더 중요하다는 것이다. 심지어 친딸을 유린한 경우에 피해자인 딸을 양육하라며 석방해준 경우도 있었다. 가장의 책임이란, 가장이 되어야 할 성인 남자가 짊어진 책임이란 이렇게 무거운 것이어서 웬만한 성폭력은 성폭력이 아니고, 성폭력이라고 해도 가장 노릇을 할 수 있을 만큼의 책임만 지운다.

　　남성들이여, 제발 어린 여자아이들에게 성범죄를 저지르고 '동의'나 '사랑'을 했다고 말하지 말라. 그렇게 사랑한다면 아직은 어린 그들이 건강하게 무사히 성인으로 성장하게 지켜보라. 제발 아무것도 하지 말라. 미성년자가 돈을 벌기 위해 성매매했다는 이유로 그것을 자발적이라고 하지 말라. 아이들의 성을 사는 사람이 누구인가. 어른들이 아이들을 보호하지 못한 책임을 더 이상 아이들에게 묻지 말라. '남성'이라는 이름이 더 이상 면죄부가 되어서는 안 된다.

'조주빈들'을 키운
사회적 자양분

26만이라는 충격, 텔레그램 n번방 사건

《주홍글씨》는 미국의 소설가 너새니얼 호손이 1850년에 발표한 소설로 죄와 인간의 위선에 대한 통찰을 담고 있다. 주인공 헤스터는 젊은 청교도 목사 딤스데일과의 사이에서 아이를 낳고, 간통을 저질렀다는 이유로 가슴에 A라는 붉은 낙인을 달고 살아간다. 헤스터는 자신의 간통 상대를 끝까지 숨기고 딸과 함께 어렵게 살면서도 가난한 이웃을 돕는다. 반면 딤스데일은 끝까지 헤스터와의 관계를 숨기고 청교도 목사로 행세하며 존경받는 삶을 살다가 헤스터가 낙인을 받은 장소에서 죄를 고백하고 죽는다. 소설 속에서 주홍글씨는 죄지은 여인에게 주어지는 낙인이었지만 정작 주홍글씨를 새겨야 할 사람은 더 큰 죄를 저지르고도 위선적인 삶을 살아가는, 여인에게 낙인을 준 자들이라는 것을 소설은 통렬히 고발한다.

2020년 초부터 텔레그램 'n번방 성착취 사건'으로 온 나라가 충격에 빠졌다. n번방에서 일어난 성착취 사건의 전모는 차마 글로 옮기기 망설여질 지경이다. 알려진 피해자만 수십 명이며, 절반 가까이가 미성년자라고 한다.

n번방을 파헤쳤던 대학생 '추적단 불꽃'과《한겨레신문》《국민일보》기자들이 6개월간 취재한 내용에 따르면, 150만 원가량을 내야 입장이 가능한 n번방에는 늘 수천 명의 남성 관전자들이 있었고, 30여 개의 비슷한 방들에서 확인된 인원만 2만 5,000여 명, 최대 동시 관전자는 26만여 명에 이른다. 신원을 확보한 n번방의 유료회원 1만여 명 중에는 벤처기업 창업가, 교수, 연예인, 스포츠 선수 등이 포함되어 있다고 한다. 150만 원 이상의 고액 회비를 가상화폐로 지급해야 가입할 수 있는 만큼 미성년보다는 상당한 수입이 있는 성인들

이 가입되어 있을 것이라는 추론이 가능하다. 대부분의 n번방 회원이나 관전자는 '평범한' 성인 남자들이자 '선량한' 이웃이었을 것이다.

n번방을 운영하던 조주빈도 25세 청년으로 대학 시절에는 학보사 편집국장으로 활동했던, 평범해 보이는 남자였다. n번방에 끌려온 여성들이 '주홍글씨'의 낙인이 찍힌 채 조리돌림을 당할 때 조주빈과 그 추종자들은 평범한 이웃으로, 직장인으로, 남편으로, 아빠로 행세하는 위선의 삶을 살고 있었다. 자그마치 26만 명이 말이다. 그런데 이들이 과연 26만 명에 불과할 것인가. 특별히 악마의 삶을 살고 있는 것이 조주빈과 관전자 26만 명에 한정되는 일이라면 그나마 얼마나 다행이란 말인가.

성폭력 사건 상담을 하고 변론을 하면서 많은 이들을 지켜보고 만났다. 한때 사랑했던 남자가 아무 생각 없이 인터넷에 퍼뜨린 성관계 동영상 때문에 '무슨무슨 부인'으로 인터넷에서 공유되던 직장인, 같은 학교 남학생들에게 집단 성폭행을 당했던 중학생, 채용되자마자 여러 차례 상사로부터 성희롱을 당하고 우울증이 심화되어 끝내 자살로 생을 마감해야 했던 공무원, 성매매의 나락에서 구조 요청을 했다가 성매매 범죄자로 재판을 받아야 했던 중학생 등. 이처럼 능욕당한 여성들을 변호하며 만난 남자들은 하나같이 평범한 사람들이었다. 평범한 직장인, 학생, 공무원, 남편, 아빠 들이었다. 재판 과정에서 이들의 평범성은 더욱 크게 부각되어 정상참작 사유가 된다. 좋은 직업을 가졌거나, 가질 가능성이 보이거나, 자녀가 있으면 더욱 좋다. 장래가 촉망되고, 가족을 부양해야 하는 막중한 책임이 인정되며, 남자라면 누구나 성적으로 일탈할 수 있다는 이유로, 나이가 어린 경우는 성장기의 당연한 호기심의 발로라는 이유로 공감까지 얻는다.

능욕당한 여성들은 오히려 꽃뱀으로, 행실에 책임이 있는 여성으로, 유난히 예민한 성격의 소유자로 더욱 추락하고, 피해 여성의 추락은 나아가 가해 남성의 정상참작 사유가 된다. 여성의 나이는 중요하지 않다. 미성년자라 하더라도 꽃뱀이라는 의심에서, 행실 책임에서 자유롭지 못하다. 가해자에게 위자료를 받겠다고 나서면 꽃뱀이 된다. 고소를 하면 무고로, 돈을 뜯어내려는 음모로, 성공하지 못한 애정에 대한 복수심으로 의심받고 매도된다.

    2017, 2018년 검찰의 사건처리 자료를 바탕으로 한 한국여성정책연구원의 연구 결과*에 따르면, 성폭력 범죄로 기소된 피의자 수와 비교하여 피해 여성이 무고로 기소되는 경우는 0.78퍼센트 수준에 불과하다. 그런데도 성폭력 피해 여성을 일단 '꽃뱀'으로 보는 인식은 좀처럼 사라지지 않고 있다. 평범한 남성이 범죄를 저지른 것은 그를 유혹한 여성 때문이다. 의도된 유혹(?)이 문제인 것은 당연지사고, 나아가 여성이라는 것 자체가 문제다. 종종 성폭력 재판이 가해자에 대한 재판인지, 피해 여성의 행실 책임을 묻는 재판인지 판사조차 헷갈리며 진행하는 경우가 있다. 너무 착각한 나머지 판결문에 이런 문구가 새겨지기도 한다.

    "사춘기 처녀가 범행 장소까지 자유로운 의사로 따라간 것은 이성에 대한 호기심의 소치이며 이는 남자로 하여금 그녀가 자신에게 마음이 있는 것이라고 착각을 불러일으키고 키스하려는 충동을 일으키게 한 데 대한

✱   김정혜, 〈검찰 사건 처리 통계로 본 성폭력 무고 사건의 현황〉, 《제117차 양성평등정책포럼》, 한국여성정책연구원, 2019

도의적 책임도 있다고 할 수 있다."**

아주 옛날 판결이라지만, 여성의 행실 책임을 묻는 판결은 여전히 빈번히 등장한다. 표현만 세련되게 바뀌었을 뿐.

n번방 사건이 보도된 뒤 SNS의 한 유명인사는 '내 딸이 피해자라면 내 딸의 행실 책임을 묻겠다'는 글을 올려 논란이 되었다. 어디 이 사람 머릿속에만 있는 생각이겠는가. 트위터에서 소위 '일탈계정'을 운영하던 아이들이 조주빈의 표적이 되어 노예로 전락한 과정은 전율을 일으킨다. 성에 대한 호기심으로 일탈을 한 사춘기 여자아이들의 행실에 대한 결과는 혹독했다. 수만 명이 동시에 관전하는 n번방의 성노예이자 돈벌이 수단으로 전락했다.

남자아이들의 성적 일탈은 어떤가. 동급생 여자아이를 집단성폭행하는 죄를 저지르고도 소년보호재판을 받으며, 부모가 앞장서서 피해 여자아이가 유혹했다고 변명을 하고, 모범생이라거나 장래가 촉망된다는 이유로 처벌을 면하고, 가장 중한 처분을 받는 경우에

** 부산지방법원 1965. 1. 12. 선고 64고6813 사건

도 소년원에 1, 2년 송치되거나 피해자 측과 합의라도 하면 가정 내 위탁으로 끝나기도 한다. 남성의 성적 일탈은 이처럼 갖은 사유로 정상참작이 되고, '남자가 한 번 실수할 수도 있지, 앞으로 잘하면 된다'고 격려까지 받는다.

2015년 교육부가 배포한 성교육 표준안에는 '성에 대한 남성의 욕망은 때와 장소에 관계없이 충동적으로 급격하게 나타난다'는 묘사가 등장하는가 하면 배꼽티, 짧은 치마, 딱 붙는 바지 대신 긴 치마를 입은 모습을 '여성의 바른 옷차림'으로 제시하는 표현이 있으며, 심지어 '데이트 비용을 많이 내는 남성의 입장에서는 여성에 대해 그에 상응하는 보답을 원하게 마련이고, 이 과정에서 원치 않은 데이트 성폭력이 발생할 수 있다'는 식의 왜곡된 통념을 조장하는 내용이 포함되어 있었다. 6억 원의 예산을 들여 마련한 성교육 표준안이었다. 이처럼 공교육이 앞장서서 왜곡된 성관념을 전파하고 있었던 것이다.

텔레그램 n번방의 '조주빈들'은 이런 사회적 자양분을 먹고 탄생했다. 그리고 사법부의 경미한 처벌과 입법자들의 무지는 이들을 급성장시켰다. '성착취 영상이라 해 봐야 남자라면 누구나 한 번쯤은 볼 수 있는 음란 영상에 불과하다.' 재판도 입법도 이런 관점에서 이루어져 왔다.

아동 성착취 영상'만'을 다루었던 인터넷 사이트 '웰컴투비디오' 운영자 손정우는 겨우 1년 6개월의 실형을 선고받았고, 그 이용자들은 공중보건의라는 이유로, 교사라는 이유로, 부양가족이 있다는 등의 이유로 집행유예, 벌금형, 선고유예 같은 관대한 처분을 받았다. 2019년 한 해 동안 아동·청소년 성착취물 소지죄에 대한 판결문 전체를 분석해본 결과, 92퍼센트가 벌금형이고 평균 벌금액은 298만 원, 나머지 8퍼센트는 집행유예였다고 한다.[*] 아동·청소년 성착취물을 제작하면 최소 5년, 최대 무기징역형까지 가능한데도 실형을 받은 비율이 59.7퍼센트이고 평균 형량은 3년 8개월에 불과하다. 미국과 영국 등 선진국의 경우 아동 성착취 영상 소지만으로도 중형을 선고하고 있는 것과 비교해보면 우리는 미개한 수준이다. 아동·청소년 성착취 영

[*] 〈또 다른 '조주빈들' 무슨 선고 받았나〉, 《SBS뉴스》, 2020년 3월 27일

상물 제작과 소지 관련 처벌이 이 정도니 피해 대상이 성인 여성인 경우에는 더 살펴볼 필요도 없다. 성인 여성이 나오는 성착취 영상의 경우는 영상물 소지죄 처벌 조항도 없다. 재판부 판사 역시 한때 통과의례처럼 '야동 좀 봤던' 남성일 가능성이 높고, 보지 않았다 해도 그런 사회적 분위기의 양분을 먹고 자란 '키즈'였을 것이다.

국회는 어떤가. 2020년 3월 17일 n번방 사건에 관한 대응책이라며 딥페이크 영상(특정인의 얼굴이나 목소리를 합성·편집한 가짜 영상)의 제작·유통 행위를 처벌하는 성폭력 범죄의 처벌 등에 관한 특례법 개정안(이마저 졸속 입법이자 디지털 성착취 영상의 피해를 간과한 입법이라는 비판이 쇄도했다)이 통과될 당시 의사록에 남은 명언들을 확인해보자.

> 일기장에 혼자 그림을 그린다고, 생각하는 것까지 처벌할 수는 없지 않나.
>
> — 송기헌 더불어민주당 의원

> 자기만족을 위해 이런 영상을 가지고 나 혼자

즐기는 것까지 갈(처벌할) 것이냐.

— 정점식 미래통합당 의원

자기는 예술작품이라고 생각하고 만들 수 있다.

— 김인겸 법원행정처 차장

청소년이나 자라나는 사람들은 자기 컴퓨터에
서 그런 짓 자주 한다.

— 김오수 법무부 차관

2020년 대한민국을 이끌어가는 리더들의 현주소다.

n번방 사건이 드러나고 그 범죄의 실상에 경악한 국민들은 범죄자들에 대한 강력한 처벌을 원하고 있다. 피해자보다는 가해자에게 공감하며 수사하고, 재판하고, 입법하는 자들도 사실상 공범이라고 비판하며 책임을 묻고 있다. 들끓는 여론을 잠재우는 가장 손쉽고 돈 안 드는 방법이 처벌 위주의 개선책이라는 생각 때문에, 평소 이 방식에는 깊게 공감하지 못했다. 성차별을 근본적으로 개선하려는, 돈과 시간이 많이 드는 제도의 개선이 아니고서는 일회적 효과에 그치리라는

생각이 강했다.

그런데, 그것도 처벌이 어느 정도는 이루어질 때 가능한 생각이다. 형벌로써 달성하고자 하는 것이 무엇인가. 최소한 응보와 위하威嚇의 효과는 어느 정도 있어야 하는 것 아닌가. 피해 여성들은 죽어나가는데, 죽어서도 '유작'이라는 이름으로 영상이 돌아다니는데, 가해자들은 기껏 벌금을 내거나 집행유예로 풀려나고, 징역을 살아도 겨우 몇 년이면 풀려나 잘 살고 있다. 응보의 효과도, 위하의 효과도 전혀 없어 성착취 영상을 제작하고, 유포하고, 소지하는 범죄가 기하급수적으로 늘어나고 급기야는 수많은 n번방들이 탄생하게 된 것이다.

n번방 범죄자들은 자신들의 죄를 감추고 서로를 감시하기 위해 '주홍글씨'라는 자경단까지 만들어 운영했다고 한다. 겉으로는 성착취 영상 관련 범죄자를 신고하는 자경단인 것처럼 운영하면서 침묵의 카르텔에서 빠져나간 배신자에게 주홍글씨를 새겼던 것이다.

주홍글씨는 그런 자들에게 새길 것이 아니다. 수많은 조주빈들, 조주빈에게 동조한 자들, 단 한 번이라도 성착취 영상을 관전한 자들, 남자라면 한 번쯤은 보는 것이 음란영상이라고 변명해주는 자들의 이마에 가슴에 결코 지워지지 않게 깊이 새겨야 한다. 여기에서, 제대로 된 처벌에서 시작하자. 처벌의 공백이 있다면 법을 만들자. 가장 초보 단계인 응보와 위하로부터 시작하자. 이것이 지금 우리 사회의 수준이다.

가족이라는
울타리에서 들리는
비명

2부

죽어서도 조롱당한
'죄 많은' 여자

가정 내 여성에 대한 지독한 폭력

미국 소설가 제임스 팁트리 주니어는 1978년 발표한 SF 단편소설 〈체체파리의 비법〉에서 페미사이드, 즉 여성 학살이 일어난 암울한 미래를 그렸다. '아담의 아들들'이라는 사교집단이 여성 없는 세상을 신의 뜻이라 생각하고 바이러스를 퍼뜨리는데, 이는 남성의 성적 충동을 여성에 대한 살인 충동으로 바꾸는 치명적인 바이러스다. 감염된 남성들은 여성 살해를 실행한다. 한 남자가 자신이 감염되었다는 사실을 깨닫고 아내와 딸에게 '내가 찾아가더라도 나를 피하라, 내가 당신을

죽일 것이다'라고 절규하지만, 딸은 이 경고를 부부싸
움 정도로 생각하고 아빠에게 접근하여 무참하게 살해
당한다. 주인공 여성은 남편에게 딸을 잃고 겨우 도망
쳐 숲속에 숨어 산다. 주인공은 살아남은 여성이 있을
것이라는 희망으로 연명하다 결국 스스로 목숨을 끊었
다. 그곳은 여성이 없어야 하는 세상, "애석한 일이지만
저희는 더 이상 여성 시신을 받지 않습니다"라는 장례
식장의 신문광고가 게재되는 그런 끔찍한 세상이다.

재판을 앞두고 연락이 끊긴 그녀

팁트리 주니어가 상상한 미래와 달리, 다행히(?) 오늘
은 여성들이 살아 있는 세상이다. 그러나 내게는 변론
하던 여성이 살해당한(살아남지 못한), 위 소설 속 미래
세상과 크게 다르지 않은 오늘이다.

얼마 전 의뢰인 여성의 부고를 소송의 상대방(그
녀의 남편)으로부터 들었다. 이혼소송을 대리하고 있었
는데 갑자기 그녀와 연락이 닿지 않던 차였다. 재판 날
짜는 다가오고 계속 전화를 하며 초조하게 연락을 기

다리던 무렵, 상대방 쪽에서 그녀가 사망했다며 자료를 제출한 것이었다. 상대방은 그녀가 사귀던 남자에게 맞아 죽었다는 내용이 기재된 검찰의 공소장을 증거로 제출했다. 그것으로 그녀의 이혼소송은 상대가 원하던 대로 소송종료 선언이 되었다. 나는 내가 본 서류의 진의를 의심해보고, 그녀에게 단 한 푼의 돈도 주지 않으려고 발버둥치던 상대방이 지어낸 이야기는 아닐까 의심해봤지만, 사실이었고, 현실이었다. 그녀는 평생 두 명의 남자를 만났다. 남편이었던 한 사람은 그녀를 때렸고, 애인이었던 한 사람은 그녀를 때려서 죽였다.

그녀의 삶은 너무 전형적이어서 징글징글하기까지 하다. 스물세 살 꽃다운 나이에 결혼하여 30년 넘는 결혼생활 내내 폭력에 시달렸고, 무능력한 남편을 대신해 죽도록 일을 했다. 얼굴 고운 그녀의 손은 농사일과 가사노동으로 웬만한 공사판 노동자보다도 더 거칠었다. 아이들이 성인이 되어 집을 떠난 뒤에도 폭력이 그치지 않자 이러다 맞아 죽을 수도 있겠다는 두려움으로 아이들에게 양해를 구하고 집을 나왔다. 이혼소송 재판이 열릴 때마다 그녀는 상대를 마주칠까 매번 재판 두세 시간 전에 미리 나와 화장실에 숨어 있었고, 남편이 먼저 법정에 들어간 사실을 확인한 뒤에야 법정에 들어왔다. 남편을 떠났지만, 두려움에 여전히 숨어지내던 그녀는 혼인관계증명서에서 그 남자의 부인이라는 기록이 삭제되는 날 진정한 자유를 쟁취할 수 있다고 믿고 있었다. 그녀에게는 재산분할이라는 정당한 권리를 찾는 것보다 이혼이 우선이었다.

그런 그녀를 설득하여, 그녀가 집을 나가자마자 상대가 팔아 치운 재산을 찾고 재산의 가치를 환산했다. 판사는 몇 번의 조정을 시도하면서 합리적인 재산분할의 선을 정하려고 했으나, 상대방은 막무가내였다. 상대는 그녀에게 재산분할을 해줄 수 없다, 잘못도 없는데 이혼을 당할 수 없다며 끝까지 재판을 어지럽혔다. 판사도 상대방을 괘씸하게 여겨 1심 판결에서 상대방의 잘못으로 인한 이혼을 인정함과 동시에 꽤 많은 위자료와 재산 분할금을 인정해주었다. 상대방이 항소를 하여 그녀는 여전히 상대방의 법률상 부인이었지만, 그녀는 처음으로 두려움을 극복하고 안전한 삶을 누리며, 제힘으로 번 돈을 온전히 자신의 몫으로 사용하며 행복하게 생활하는 듯했다. 그리고 자신에게 잘해주는 한 남자를 만나 사랑을 하게 되었다. 이제는 안전하다고 믿은 방심이 문제였을까, 그렇게 당하고도 사랑이 가능하다고 믿은 그녀의 순진함과 어리석음이 문제였을까.

그녀를 보낸 지 몇 달인데, 지금에야 비로소 치욕과 비통에 몸을 떨고 있는 것은 그녀가 죽음조차 애도받지 못하고 조롱당하고 있음을 알았기 때문이다. 최근 소송 상대였던 남자가 돈 봉투를 들고 찾아왔다는 소식을 들었다. 나는 다른 후배 변호사와 함께 변론을 맡았는데, 소송 상대가 죽은 부인 땅을 찾아주어 고맙다며 후배 변호사를 찾아왔다는 것이다. 재산분할을 하려면 원피고 쌍방 모두 자신 소유의 재산을 밝혀야 하는데, 그 과정에서 그는 아내가 땅을 상속받았음을 알게 되었다. 상속받은 그 땅까지 갖게 해줘 고맙다며 그는 돈 봉투를 들고 죽은 아내의 변호사를 찾은 것이다. 후배 변호사는 나에게 이 소식을 전하며 전화기 너머로 흐느끼고 있었다. 그는 처음부터 아무런 반성도 사과도 하지 않았고, 오히려 감히 자기를 떠난 아내를 용서하지 못한다고 했다. 그 아내가 이제 사귀던 남자의 손에 맞아 죽었으니, 그에게는 부정한 여자의 당연한 죽음일 뿐이었고, 조롱해 마땅한 죄 많은 여자의 죽음이었던 것이다.

그녀의 죽음을 두고 죄 많은 여자의 죽음이라고 손가락질하는 게 어디 그녀 남편뿐이겠는가. 호적 정리하기 전에 남자를 만난 죄, 남자를 만나도 꼭 그런 남자만 만나는 죄, 수십 년간 바보같이 맞고 산 죄 등. 살면서 만난 단 두 명의 남자에게 죽도록 맞고 결국 죽음을 맞이한 여자가 자신을 때리고 죽인 남자들보다 더 큰 죄인이 되어버리는 것이다.

피해자들 옥죄는 가정폭력특별법

사법연수원 시절부터 지금까지 20여 년 동안 '한국여성의전화'라는 단체에서 가정폭력 피해자 여성 상담을 했고, 변론도 꽤 많이 했다. 가정폭력의 끝이 모두 죽음은 아니었지만, 살아 있어도 죽은 여성들을 많이 보았다. 가정폭력 피해 여성은 심약한 성정일 것이라거나 취약계층 여성일 거라는 일반적인 생각과 달리 고학력 여성이든, 재산이 있는 여성이든, 젊은 여성이든, 노인 여성이든 관계 없다. 한때는 똑똑하고 지적이었을 여성들이 폭력에 길들여지면서 무력해지고, 폭력에 기대어 살아가는 존재로 전락해버린 것을 보았다. 심지어 약사였던 한 여성은 남편에게서 탈출하고서야 자신이 약을 지을 수 있는 전문 지식을 가진 약사라는 사실을 기억할 수 있었다고 했다.

남편들의 변명은 하나같이 똑같았는데, 아내가 맞을 짓을 했기 때문에 맞았다는 것이었다. 냉장고에서 음식물이 썩어나고, 집 안은 더러우며, 애들이 밥을 굶고, 몰래 사귀는 남자가 있다는 것이다. 처음 변호사가 된 19년 전이나 지금이나 똑같이 반복되는 변명이다. 남편들 주장 대부분이 거짓임은 말할 것도 없는데, 아내를 패서 버릇을 고치려고 했다는 변명을 늘어놓을 수 있는 뻔뻔함에 기가 찰 뿐이었다.

남성이 여성을 자기 소유물로 생각하고 마음대로 통제할 수 있다고 생각하는 사회에서, 폭력에 가장 손쉽게 노출되는 여성은 혼인제도로 묶인 가정이라는 울타리 속의 여성이다. 그럼에도 오랫동안 가정폭력은 '집안 문제'라거나 '부부싸움은 칼로 물 베기'라며 별문제 아닌 것으로 취급받아왔다. 심각한 가정폭력으로 많은 여성과 자녀 들이 목숨을 잃자 여성계에서 들고일어났고,

그 성과로 1997년 가정폭력특별법이 제정되었다.

이 특별법은 제정 당시 '가정폭력 범죄로 파괴된 가정의 평화와 안정을 회복하고 건강한 가정을 육성함을 목적으로 한다'고 선언했는데, 이는 가해자에 대한 처벌이나 여성과 가족 구성원 개개인의 인권 보호보다는 '건강(?)가정의 회복'이 우선이었음을 의미한다. 이 때문에 꾸준히 비판받다가 '피해자와 가족 구성원의 인권을 보호함을 목적으로 한다'는 내용이 추가되었다. 그럼에도 여전히 '건강가정 회복'이라는 목적이 살아남아 가해자의 처벌과 가족 구성원 개인의 인권 보호보다 우선시되며 가정폭력 피해자들을 옥죄고 있다.

특별법 제정 초기에는 가해 남편에게 아내에 대한 접근 금지의 일환으로 안방 출입 금지를 명하기도 했는데, 그 결과 오히려 여성이 안방에 갇히는 웃지 못할 상황이 벌어지기도 했다. 또 벌금형을 선고한 경우 이혼을 선택하지 못한 여성이 남편의 강요로 대신 벌금을 내는 일마저 있었다. 가정폭력에 대한 인식 수준이 얼마나 열악했는지 보여주는 사례다.

법 시행 20년째, 초기와 달리 신고를 받고 출동한 경찰이 가정 내 문제라며 돌아가버리는 상황이 많이 줄어들기는 했지만, 상담을 해보면 여전히 사법기관의 미온적 대응에 피해 여성들이 충분히 보호받지 못하고 있고, 처벌도 미약하여 가정폭력이 줄어들지 않고 있음을 알 수 있다. 실제 2017년 경찰청 자료에 의하면 2012년부터 5년간 가정폭력 검거 건수가 다섯 배로 늘어난 사실이 확인된다. 대표적 암수범죄(드러나지 않은 범죄)였던 가정폭력이 인식의 변화로 신고가 늘어난 점을 고려하더라도 다섯 배 증가했다는 것은 매우 높은 수치라 할 수 있다.

한 명도 더 죽게 할 수 없다

한국여성의전화가 발표한 '2017년 분노의 게이지' 보고서에 따르면 한 해 동안 남편이나 애인 등 친밀한 관계에 있는 남성에게 살해된 여성의 수(살인미수 포함)가 최소 103명으로, 1.9일마다 한 명이 살해되거나, 살해 위기에 처했다고 한다. 이는 언론 보도만을 바탕으로 산출한 것이니 그 수는 더 많을 것이다.

요즘 더욱 우려스러운 것은 가정폭력이 줄어들지

않는 데서 나아가 그냥 아는 여자, 모르는 여자 등 불특정 여성에게까지 폭력이 무차별 확대되고 있다는 것이다. 주류에서 밀려난, 또는 진입하지 못한 남성들의 사회적 실패에 대한 분노까지 혐오라는 이름으로 엉뚱하게 여성을 향하고 있다. 2016년 강남역 부근에서 일어난 불특정 여성 살인 사건 당시 수많은 여성들이 '나는 우연히 살아남은 여성, 아직 맞지 않은 여성일 뿐'이라는 분노로 강남역에 모여들었다. 그녀들은 이렇게 외쳤다. "한 명도 더 죽게 할 수 없다."

　　2018년 발표한 대검찰청 통계에 따르면, 여성 상대 강력범죄(성폭력, 살인 등)는 2017년 3만 270건으로 강남역 살인 사건이 있던 2016년 2만 7,431건에 비해 오히려 10퍼센트가량 늘었다. 이 글을 쓰고 있는 지금도, 여자친구가 변심했다고 의심하여 때리고 밀쳐 중태에 빠뜨렸다는 기사, 헤어진 여자친구와 닮았다는 이유로 길 가던 여고생의 머리를 내리쳤다는 기사, 단순히 화가 난다는 이유로 생면부지의 여성의 머리를 돌로 수차례 내리쳤다는 기사, 길 가던 여고생에게 성추행 시도 뒤 흉기로 살해 시도를 했다는 기사가 줄줄이 올라오고 있다. 언제 어디서 누구에게 어떻게 당할지 모른다는 공포와 불안이 여성들을 잠식하고 있다. 한 명이 당하면 우연한 사건이지만 다수가 당하면 사회현 상이다. 국가는 이런 상황을 지켜보고만 있을 것인가. 밤길 귀가도우미, 이런 것 말고 더 근본적인 대책이 필요하다.

다시, 죽어간 그녀를 생각한다. 가장 미안한 것은 그녀를 죽어서도 남편의 법률상 부인으로 서류에 남게 했다는 것이다. 그녀가 원하던 대로, 재산 따위 개나 줬 어야 했다. 그녀가 죽어서도 자유롭지 못할까 두렵다. 무지개다리 끝에 난쟁이들이 숨겨놓은 황금덩이를 찾 아, 그녀가 내내 꿈꾸던 폭력 없는 '평화 가득한 세상'으 로 건너갔길 바랄 뿐이다.

호주제 폐지 후
정말 '큰일'이 났는가

동등하게 가족을 구성할 권리

2018년 9월, 진선미 여성가족부 장관 후보자가 인사청문회에서 '호주제가 폐지될 때까지 기다리자는 생각에 혼인신고를 하지 않았었다'고 발언한 것이 화제가 된 적이 있다.

이제는 임기를 마치고 진선미 전 장관이 된 당시 후보자가 변호사이던 시절 나는 그와 함께 호주제 위헌 소송 대리인단으로 활동했다. 당시 대리인단 중엔 비혼이거나 결혼한 지 얼마 되지 않은 변호사가 여럿이었고, 우리는 호주제가 폐지되기 전에는 혼인신고를 하지 말자고 약속했다. 호주제 위헌소송 대리인단으로서 최소한의 투쟁 방침이었던 셈이다. 나는 호주제 폐지 전 아이를 출산하고 출생신고를 하게 되면서 이러한 방침을 끝까지 지키지 못했다. 그것이 못내 아쉬워 장남인 동거인(남편)에게 분가 신청을 하도록 한 뒤 주민등록상 나를 세대주로 신고하고 혼인신고를 했다. 동거인이 분가 신청을 하지 않으면 나는 호주인 시아버지의 아들의 배우자로 기재되어야 했는데, 동거인이 분가 신청을 하면서 동거인이 나의 호주가 되었다. 이로써 나의 신분은 '호주(아버지)의 딸'에서 '호주(남편)의 배우자'로 바뀌었다.

'같이 사는 남자'라는 호칭의 배경

진선미 전 장관이 장관 인사 청문회에서 배우자를 '같이 사는 남자'라고 호칭한 것에 대해서도 자유한국당 김순례 의원은 신념에 따른 것이냐고 물었다. 일반적 용어인 '배우자'나 '남편'이 있으므로 후보자가 사용한 호칭은 바람직하지 않다는 지적이었다. 후보자는 신념의 문제라기보다는 버릇, 취향 정도라고 설명했다. 아마도 후보자의 그 버릇, 취향은 우리가 함께 호주제 위헌소송 대리인단을 하던 시절 생겼을 것이다.

당시 우리는 호주제 위헌소송을 하면서 위헌성의 논거를 준비하기 위해 꽤나 광범위한 공부를 했다. 삼국시대, 고려시대 가족제도부터 다양한 외국 입법례, 심지어 동물의 세계까지. 그때 한국의 가족제도가 얼마나 성차별적인지, 소위 '정상가족(부모와 자녀로 구성된 가족)'의 범주에 있지 못한 다양한 상황의 가족들에게 얼마나 차별적인지 알게 되었다. 그 때문에 우리 대리인단은 차별적인 관습과 법에 소심하게 저항한다는 의미로, 배우자나 남편이라는 용어를 사용하지 않고 '동거인' '같이 사는 남자 또는 사람'이라고 말하곤 했다. 그러니 후보자가 사용한 언어를 신념에 따른 용어 사용이라고 해도 크게 잘못된 지적은 아닐 것이다.

이제는 역사 속으로 사라진 호주제도란 무엇인가. 호주제란 호주를 정점으로 가家라는 관념적 집합체를 구성·유지하고 이러한 '가'를 원칙적으로 남계 혈통(아들, 손자)에게 대대로 승계시키는 제도를 말한다. 여기서 '가'란 현실의 생활공동체와는 동떨어진 추상적 개넘이다. 나에 대한 양육권·친권을 가진 어머니와 생활 공동체를 이루고 살더라도 나는 어머니와 '가'를 이루지 못하고 여전히 아버지가 호주인 '가'의 가족으로 남아야 한다는 것을 의미한다. 호주제는 호주를 '가'의 중심적 지위에 둔다. 가족 구성원들은 그 자체로서 동등하게 존재하는 것이 아니라 항상 호주와의 관계를 중심으로만 존재하여 동등한 가족관계 자체를 불가능하게 하는 이념이 호주제에 전제돼 있다. 예를 들어 아들은 호주의 아들, 며느리는 호주의 아들의 배우자, 아내는 호주의 배우자, 이런 식이다.

호주제 위헌소송 당시 우리 청구인은 부부였는데, 혼인 뒤 분가하여 시아버지가 아닌 남편이 호주로 되어 있었다. 이들 부부는 평등한 부부관계를 원하여 무無호주로 바꾸고 싶다면서 호적 변경 신고를 했는데, 호적관청은 신고 수리 자체를 거부했다. 당시 민법은 혼인신고를 하면 장남인 경우는 시아버지가, 장남이 아닌 경우에는 자동으로 분가가 되어 남편이 아내의 호주가 되도록 규정하고 있었다. 이 때문에 '무호주는 아예 불가능하다'며 호적관청이 호적 변경 신청을 거부한 것이다.

또 다른 청구인은 이혼한 여성으로서 자녀의 친권

자 및 양육권자로 지정되어 자녀와 함께 살며 그들을 양육하고 있었다. 그런데 청구인과 살고 있던 자녀들은 그녀가 아닌 전남편(자녀들의 아버지)이 호주로 있는 호적에 편제되어 있었다. 정작 어머니인 그녀는 주민등록상 자녀들의 동거인으로만 기재될 뿐이었다. 그녀는 부당함을 느끼고 자녀들을 자신의 호적으로 입적하고자 신고를 했으나, 호적관청은 당시 민법 규정상 자녀는 아버지인 호주의 호적에 편제되어야 한다는 이유로 거부했다.

현대판 '삼종지도'의 구현

호주 승계 순위를 보면, 호주제도가 얼마나 양성평등에 반하는 제도였는지 한눈에 알 수 있다. 호주 승계 순위는 사망한 전 호주의 아들 또는 손자(직계비속 남자), 미혼의 딸(직계비속 여자), 처, 어머니(직계존속 여자), 며느리(직계비속의 처) 순으로 되어 있어 철저히 남성우월적 서열을 매기고 있다. 남자라는 이유만으로 어머니와 누나들을 제치고 아들이, 할머니와 어머니를 제치고 어린아이인 손자가 호주의 지위를 차지하게 된다. 미혼의 딸도 아들이나 손자가 없을 경우에는 호주가 될 수 있으나, 나중에 혼인하게 되면 남편 또는 시아버지가 호주인 '가'의 가족원으로 입적되므로(딸이 호주로 있던 '가'는 폐가가 된다) 평생을 비혼으로 지내지 않는 한 호주의 지위를 계속 유지한다는 것은 불가능하다. 여자가 호주가 되는 건 남자가 없어서 일시적으로 '가'를 계승시키기 위해 보충적으로 호주 지위가 주어지는 경우뿐이었다. 호주를 승계할 직계비속 남자가 끝내 출현하지 않는 경우 그 '가'는 법상 폐가가 될 수밖에 없었으므로 '가'를 지켜야 한다는 명분으로 남아선호사상은 유지·확대되었고, 여아 낙태는 비일비재하게 이루어졌다.

또한 호주제도는 현대판 출가외인과 삼종지도의 구현이었다. 혼인한 여성에게 남편의 '가'에 입적하기(소위 '호적을 파간다'고 했다)를 강제하여 여성을 출가외인으로 만들었다. 여성은 어려서는 아버지(혹은 오빠 또는 남동생)의 '가'에, 혼인해서는 남편의 '가'에, 늙어서는 아들의 '가'에 편제되도록 하여 호주의 딸, 호주의 아내, 호주의 어머니로 이어지는 삼종지도의 삶을 내면화해야 했다.

호주제도는 가족의 현실에도 전혀 부합하지 않는 제도였다. 아버지의 양육권 포기나 재혼 등으로 아버지와 자녀 간의 관계가 단절되어 있더라도, 자녀 학대·성추행·폭행 등으로 가정파탄의 원인을 아버지가 제공한 경우에도, 당사자인 자녀가 아무리 아버지의 '가'를 떠나 어머니의 '가'에 입적하기를 원하더라도, 그 자녀는 여전히 아버지의 '가'에 소속되고 아버지가 자녀의 호주가 된다.

반면 어머니는 주민등록상의 '동거인'에 불과하게 된다. 이혼한 어머니와 자녀가 함께 살고 있더라도 법률적 가족관계를 형성하지 못하고 비정상적 가족으로 취급되어 사회생활을 하는 데 불편할 뿐 아니라 상당한 정신적 고통을 겪었다.

위헌소송 당시 호주제도를 유지해야 한다는 측의 가장 핵심적인 근거 중 하나는 '전통문화'라는 것이었다. 그런데 학계 연구에 따르면 당시 호주제는 일제가 식민통치를 위하여 일본의 '가'제도(일본의 천황제도를 가족제도에 구현한 것)를 조선에 이식한 것으로 광복 이후까지 온존해온 것이었다. 따지고 보면 결코 우리의 전통이라고도 할 수 없었다. 설령 예로부터 내려왔다 하더라도, 현대에 이르러 인권침해적 요소를 품고 있는 제도라면(노비제도처럼) 오래됐다는 이유만으로 전통이 되어야 하는 것은 아닐 것이다.

혈통은 부계로 계승되는 것이 자연의 섭리이고 호주제도는 그 섭리의 구현이라는 주장도 나왔다. 우리는 그 주장을 반박하기 위해 동물학자인 최재천 교수에게 전문가 참고인 자격으로 법정 출석을 부탁했다. 최교수는 '자연에서는 몇 세대만 지나면 부계는 확인할 수 없고 (미토콘드리아를 통해) 모계 조상만을 확인할 수 있다. 오히려 부계혈통 위주의 호주제도는 자연의 질서에 반한다'고 증언했다.

호주제도가 폐지되면 가족이 해체되고 어른 공경이 사라지는 어둠의 세계가 도래할 것이라는 우려도 있었다. 그런데 호주가 과연 집안의 어른이었을까? 집안의 어른인 어머니와 할머니가 호주인 아들이나 손자의 아래에 있는 제도가 바로 호주제도였다.

이미 호주의 권한이 대폭 축소되어 사실상 유명무실하므로 폐지할 필요가 없다는 주장도 있었는데, 법률상 호주의 권한은 여전히 존재했다. 아들과 딸, 아버지와 어머니, 남편과 아내를 차별하고, 아내가 남편에게 종속된 존재라는 관념을 지탱하는 호주제는 그 자체로 세상을 지배하는 막강한 이념이자 상징이었다.

호주제도 폐지 이후 '가' 유지를 위한 남아선호사상 등이 약해지면서 가정 내 성차별적 요소가 많이 사라졌다고 할 수 있으나, 완전히 극복되었다고 보기는 어렵다. 제도적으로도 여전히 부성주의父姓主義 원칙 등 성차별적 요소가 남아 있다. 미혼모가 자녀를 자신의 성으로 출생신고를 하고 양육하고 있어도 갑자기 아버지가 나타나 그 아이를 자신의 자녀로 인지하면 그 자녀의 성은 자신이나 어머니의 의사와 상관없이 자동적으로 아버지의 성으로 바뀌게 된다(그나마 호주제 폐지로 호적을 파서 아버지의 호적으로 입적하지는 않게 되었지만). 미혼모는 법원에 성 변경 신청을 해야만 원래대로 자녀의 성을 자신의 성으로 돌릴 수 있다.

'가족 구성'을 권리로!

2005년 헌법재판소가 헌법 불합치 결정을 내려 호주제가 폐지된 지 이제 겨우 15년이 지났다. 호주제도는 훨씬 오랜 세월 우리 삶을 지배하고 있었기에 성차별적 이념들은 여전히 살아남아 사회 전반에서 영향력을 행사하고 있다. 이것이 이미 폐지된 호주제도의 문제점을 다소 장황하게 살펴본 이유이다. 이미 사라졌어야 할 유령들이 더 이상 한국 사회를 배회하지 못하도록, 힘을 발휘하지 못하도록, 호주제도가 폐지된 이유를 우리는 자주 곱씹어봐야 한다.

호주제 위헌소송을 하면서 우리는 혼인이나 혈연으로 묶여야만 법으로 보호받을 수 있는 가족인가 하는 근본적인 질문을 하게 되었다. 법이 규정한 정상가족의 범주에 들지 못한 가족과 생활공동체가 다양한 모습으로 제도권 바깥에 존재하고 있음을 알게 되었다. 호주제도가 현실의 가족이 아닌 관념적인 '가'를 유지하기 위한 수단으로 존재했듯, 법이 보호하고 있는 가족도 실제 현실의 가족 모두를 반영하지 못하고 있다. 법률상 혼인을 원치 않거나, 혼인을 할 수 없지만 부부가 되고 싶은 사람들, 혼인과는 무관하고 혈연관계도 아니지만 생활공동체로서 가족이 된 사람들이 법의 보호 바깥에서 가족을 이루고 살고 있다.

법의 보호를 받을 수 있는 가족의 구성을 '가족구성권'이라는 관점에서 주장할 수는 없는 것일까. 프랑스의 경우 이미 1999년에 시민연대협약(팍스법)으로 동성·이성 간의 결합을 불문하고 법률혼을 하지 않은 경우에도 동등하게 세금공제, 보조금 수령 등의 혜택을 받을 수 있도록 했다. 우리나라에서도 진선미 전 장관이 19대 국회의원 시절이던 2014년 '생활동반자법'을 발의하려 했던 것을 비롯해, 가족 구성을 권리로서 연구하고 제도로 구현하여 현실의 다양한 생활공동체를 법의 영역에서 보호받게 하려는 노력이 활발해지고 있다.

호주제가 폐지되면 장유유서의 전통이 무너지는 등 큰일이 날 것이라는 우려가 있었듯이, 현실에 존재하는 다양한 생활공동체를 법으로 보호하고 혜택을 주자는 주장에 대해서도 비슷한 우려의 소리가 들려온다. 가족이 해체되고 성도덕이 땅에 떨어지는 어둠의 세상? 하나만 밝혀두자. 호주제가 폐지되었지만, 우려하던 일은 일어나지 않았고, 성평등한 세상으로의 한 걸음 전진이 기다리고 있었을 뿐이었다.

낳아놓고 부정하는
아빠들을 추적하다

배드파더스 초상권 침해 주장 사건

양육비를 지급하지 않은 부모의 명단을 공개한 '배드파더스' 관련 명예훼손 재판이 국민참여재판으로 진행된다는 소식과 '배드파더스'는 공익적 행동을 한 것이니 처벌하지 말라는 청와대 청원이 온라인을 뜨겁게 달구었다. 2020년 1월 14일 진행된 국민참여재판에서 배심원 일곱 명은 전원 만장일치로 '배드파더스' 운영자에게 무죄평결을 하였고 이에 재판부는 "피고인은 양육비 미지급자에 대한 정보를 공개하는 활동을 하면서 대가 등 이익을 취한 적이 없고, 대상자를 비하하거나 악의적으로 공격한 사정이 없다" "피고인의 활동은 양육비를 지급받지 못한 다수의 양육자가 고통받는 상황을 알리고 지급을 촉구하기 위한 목적이 있어 공공의 이익을 위한 것으로 볼 수 있다"며 무죄를 선고하였다.

'배드파더스'는 이혼 후 양육권자에게 양육비를 주지 않는 '나쁜 부모(그중에는 '아빠'가 압도적으로 많았다)'들의 신상(이름, 거주지 등)을 공개한 온라인 사이트로 2018년 7월 개설되었다. 배드파더스는 정보를 공개하는 취지에 대하여 "양육비를 주지 않는 아빠들에게 양육비를 주도록 압박하기 위한 것이며, 이런 압박이 정당성을 갖는 근거는 아빠의 '초상권'보다 아이의 '생존권'이 우선되어야 할 가치라는 믿음 때문"이라고 밝혔다. 2018년 여성가족부 조사 결과에 따르면 한부모의 73.1퍼센트가 받아야 할 양육비를 받지 못했고 82.3퍼센트가 양육비 부족으로 어려움을 겪었으며 양육비 이행관리원을 통한 양육비 이행률도 32.3퍼센트에 불과하다. 법원이 양육비 이행 명령을 내려도 위반 시 처벌은 '감치' 처분인데, 별로 효과가 없다는 것은 이미 다 알려진 사실이다. 양육비 미지급 문제가 심각하다는 데는 이론이 있을 수 없고, 이에 국가가 나서서 제

도적으로 해결해야 한다는 논의가 오래전부터 있어왔
지만 양육비 이행 관리원을 설립하는 수준의 제도 개선
에 머물러 있다. 배드파더스는 더 이상 이런 상황을 묵
과할 수 없다는 판단하에 명예훼손으로 처벌될 위험을
무릅쓰고 신상을 공개했고, 예상대로 신상이 공개된
사람의 고소로 명예훼손 혐의로 기소되어 재판을 받게
된 것이었다. 나 역시 변호사로서 양육비 지급 관련 사
건을 여러 차례 다루면서 양육비를 받지 못해 고통받는
의뢰인들을 자주 목격했기에 배드파더스가 나서게 된
절박함에 공감하고 있다.

한편, 이 사건을 지켜보면서 바로 떠오른 것이 있
는데 바로 '코피노 아빠 찾기'였다. 코피노는 한국 남성
과 필리핀 현지 여성 사이에서 태어난 2세 아이들을 일
컫는다. '코피노 아빠 찾기'의 일환으로 모 단체 대표
가 블로그에 아빠들의 사진과 실명 신상정보를 공개
한 후, 배드파더스와 마찬가지로 명예훼손 논란이 일
었다. '코피노 아빠 찾기'가 '배드파더스'의 원조인 셈
이다. 미국《월스트리트저널》과 아동성착취반대협회
에 따르면 2014년 기준으로 코피노 수는 3만 명에 달
했고, 2018년에는 4만 명이 넘었다고 한다.* 코피노 아

이들의 생부는 필리핀으로 어학연수를 갔던 10대 후반에서 20대 초반의 한국 유학생이 다수인데, 이들은 영어를 빨리 배울 수 있겠다는 생각으로 필리핀 여성들과 동거하다 자식까지 낳고는 한국으로 돌아가버린 경우가 많다. 그 외에 사업가나 일회적 성매매 남성들도 있다. 필리핀에서 코피노 문제는 사회 문제일 정도다. 이렇게까지 된 건 가톨릭 국가인 필리핀에서 낙태가 어렵기 때문이기도 하지만, 그것보다는 유독 피임을 하지 않는 한국 남성들 때문이라고 한다.

한국 남성들의 '진출'은 필리핀에 한정되어 있지 않다. 2019년 나는 베트남 여성 A를 도와 아이의 친부인 한국 남성 B를 찾아 양육비를 받을 수 있도록 도와주었다. A는 20대 초반의 베트남 여성으로 베트남에 여행 온 B와 사귀게 되었다. 두 젊은이는 사랑에 빠졌고 B는 한국으로 돌아가면서 A에게 가능한 한 빨리 한국으로 초청하겠다고 약속했다. B가 한국에 입국한 후 A는 임신 사실을 알았다. 임신 소식을 들은 B는 기뻐하

✱　〈사각지대 놓인 필리핀 내 3만 명의 한국인 2세〉, 《연합뉴스》, 2014년 5월 26일

며 A의 진료 비용을 보내는 한편 베트남을 다시 찾아 결혼을 약속했다고 한다. 그런데 한국으로 다시 돌아간 B의 태도가 돌변했다. 자신의 부모가 A의 배 속 아이를 인정하지 않는다는 것이었다. A는 베트남에서 함께 살면 된다, 베트남에서 친구들과 커피숍을 하면서 먹고 살 수 있으니 베트남에서 결혼하여 살자고 B를 설득했다. 그러나 B는 A에게 낙태를 종용했고, 이미 임신 4개월이 넘어선 A가 낙태를 거부하자 연락을 끊고 잠적했다. 20대 초반의 A는 베트남에서 홀로 아이를 출산한 뒤 B에게 연락을 취했으나, B는 A의 연락에 어떤 응답도 하지 않았다. 베트남에서 여자가 결혼도 하지 않은 채 한국 남자의 아이를 낳고 산다는 것은 어떤 의미인가.

베트남은 '라이따이한'의 역사적 아픔이 있는 나라다. 라이따이한은 대한민국이 1964년부터 참전한 베트남 전쟁에서 한국 군인과 민간인에 의한 매춘, 강간, 또는 사실혼 관계에 의하여 태어난 아이들이다. 남베트남의 붕괴와 한국군의 철수로 이어지는 역사 속에서 라이따이한들은 '적군의 아이'로 베트남에 남겨졌다. '라이'는 베트남어로 경멸의 의미를 갖고 있을 뿐만 아니라 잡종을 의미한다. '따이'는 '대한'을 베트남어식으로 읽은 것이라고 한다. 라이따이한은 최소 5,000명에서 최대 3만 명으로 추산되는데,[*] 베트남 땅에서 적군의 아이로 남겨진 아이들과 그 엄마들의 삶이 어떠했을지 짐작하기란 그리 어려운 것이 아니다. A는 그런 베트남에서 미혼으로 한국 남자의 아이를 낳았으니 그의 삶이 얼마나 힘들었을지 그 또한 상상하기 어렵지 않다.

A는 영어를 능숙하게 잘하는 꿈 많은 젊은이에서 손가락질받는 미혼모가 되어 삶의 나락으로 떨어졌다. 아이가 너무 어려 아르바이트조차 못 한 채 가족의 도움으로 어렵게 살아가던 A는 아이가 세 살이 되자 B를 찾기로 결심했다. A는 한국의 단체들에 도움을 요청했고, 그렇게 나는 그녀를 돕게 되었다. 이름과 전화번호만을 알고 있는 B를 상대로 아이를 친생자로 인지할 것과 양육비 지급을 구하는 소송을 제기하고, 재판부의 허가를 받아 통신사에 그의 주소를 조회하는 등 갖은 노력 끝에 그의 인적 사항을 알아냈다.

***

[*] 〈조흥국 교수의 동남아 들여다보기(17) 라이따이한 문제〉, 《부산일보》, 2004년 9월 18일

일단 친자임을 부정하는 데서 시작하는 전형적인 주장에 맞서 유전자 감정을 했다. 사실 유전자 감정을 할 필요도 없었다. 아이와 엄마가 베트남에서 입국하여 처음으로 아빠인 B와 아이가 대면하던 날, 부정할 수 없는 유전자의 힘을 보았다. 나는 먼저 아이 아빠를 대면했고, 조정실 문을 열고 들어오는 베트남에서 온 엄마와 아이를 처음 보았다. 누구도 부정할 수 없을 정도로 아빠를 쏙 빼닮은 아이의 모습에 헛웃음이 나올 정도였다. 생존을 위해 사랑받을 수 있도록 아이는 부모를 닮게 진화했다고 들은 적이 있다. 아빠를 빼닮은 아이의 모습에서 보이는 강인한 '생존 본능'이 참으로 서글프게 다가왔다.

조정과정에서 내가 분노했던 것은 B가 아이를 대하는 태도였다. 앞으로 결혼도 해야 하니 아이를 B의 가족관계등록부에 올리지 않는다는 조건으로, 베트남 물가를 감안하여 일시불 3,000, 4,000만 원을 양육비로 주겠다고 제안한 것이다. 미혼이던 B가 이제라도 A와 결혼하겠다고 할 것이라는 기대는 없었지만(A도 전혀 B와 결혼할 생각이 없었음은 물론이고), 아예 자식이 없는 것처럼 속이고 다른 여자와 결혼을 하기 위해 아이를 자신의 자녀로 등록하지 않는다는 조건을 내세우다니…. 아이 엄마의 어려운 처지를 이용해 돈을 무기로 삼다니 마음속에서 차가운 분노가 일었다. 그렇지만 나는 차마 A에게 저따위 제안 뺑 차버리라고 조언하지 못했다. 미혼모로 아이를 키우고 살아가는 현실은 너무나 차가운 것이므로. 하지만 A는 엄마로서 아이를 위해 할 수 있는 최선의 선택을 했다. 돈은 자기도 벌 수 있다며, 법원이 허용하는 매월 일정금(몇십만 원)의 양육비를 지급하고 아이를 B의 자녀로 등록하기를 요구한 것이다. A는 아이를 베트남에서 자신의 아이로만 키울 수도 있으나, 한국 남자의 아이가 베트남에서 차별 없이 크기란 어렵다고 판단했다. 그래서 아이가 B의 자녀로 한국에 자유롭게 드나들며 살 수 있게 되기를 원했다. 그것이 아이를 위한 최선의 선택이라고 믿었다. 나는 프랑스, 미국 등 세계 최강의 나라들을 물리친 베트남 여성의 이 '멋짐'에 홀딱 반하지 않을 수 없었다.

뒤탈이 없을 것이라는 정보를 공유하고 가난한 나라의 나이 어린 여성을 찾아 성매매를 떠난다거나, 심지어 '외국에서 한 달 살기' 콘셉트로 한국 남성들이 타국 여성의 성을 착취하는 것은 어제오늘의 일이 아니다. 가난한 나라 여성이 한국 남성과의 사이에서 낳은 아이들이 주로 성매매를 통해 태어났을 것이라는 생각도 착각이다. 사랑이라는 외피를 쓰고, 현지에서 버젓이 살림을 차리고 심지어 결혼식까지 올리고서 남편으로 행세하다가 한국으로 잠적하거나, 연인 관계로 지내다 여자가 임신하자 도망가는 경우가 부지기수다. 이들은 자녀가 태어나는 것 따위 두려워하지 않기 때문에 피임을 하지 않는다. 자신의 쾌락만이 중요할 뿐…. 우연히 태어나는 아이는 그저 여자의 자식이요, 도망가면 그뿐이다. 이들은 부자나라 한국에 대한 동경을 품은 가난한 나라의 어린 여성을 오직 성욕 해소의 상대로 착취하고, 자신에게서 비롯된 아이를 방치하고 있는 것이다.

이들은 금방 돌아오겠다거나 한국으로 초청할 것이라고 약속하지만, 한국어로 남긴 주소나 연락처는 대개 가짜다. 금이야 옥이야 간직해온 메모를 들고 한국을 방문한 엄마와 아이에게 차마 한국어를 번역해줄 수 없는 경우가 많은 이유다. 한국 남성들이 필리핀 여성에게 한국 주소라고 써준 쪽지에는 욕설이 적혀 있는 경우도 있었다. '코피노 아빠 찾기' 블로그에 한국 아빠들 사진을 올린 이유가 바로 이것이다. 한국 아빠들이 남긴 전화번호나 주소는 가짜여도 함께 찍은 사진은 가짜일 수가 없기 때문이다.

　필리핀 여성들과 아이들이, 그리고 내 의뢰인 A가 원하는 것은 '가족 재결합'이 아니라 '최소한의 생존 확인과 양육에 대한 책임을 지라'는 것뿐이다. 그럼에도 그들은 아빠로서 져야 할 최소한의 책임에서마저 벗어나기 위해 인간이기를 포기하고 두더지처럼 숨고 회피한다. '코피노 아빠 찾기'가 널리 알려지면서 많은 필리핀 여성들이 아이의 권리를 찾기 위해 한국의 법원에 친자 확인과 양육비 지급 소송을 활발히 제기했다. 그런데 그 과정에서 그들이 소송에서 받은 양육비 중 일부를 과도한 수수료로 지급하고 있는 것이 아니냐는 문제가 불거지기도 했다.* 필리핀 여성들이 한국에서 소송을 할 수 있도록 알선해준 한국인들이 승소 후 받은 양육비의 상당 부분을 수수료로 챙긴다는 것이다.

　왜 이런 문제들이 일어나는가. 결국 국가가 나서서

* 〈'코피노 아빠찾기', '소송시장'에 악용되나?〉《KBS 뉴스》, 2015년 8월 22일

제도적으로 해결해야 할 문제에 대해 피해 당사자 개개인들이 나서게 했기 때문이다. 한국 남성들의 잘못으로 4만 명이 넘는 아이와 엄마 들이 사회적 편견과 양육의 어려움에 처해 있다면 이는 이미 개인의 문제가 아닌 사회 문제다. 과거 일본의 경우 자피노(일본인과 필리핀 여성 사이에서 태어난 아이들) 문제가 대두되자 국가가 해결에 나선 예가 있다.

코피노 문제는 주로 가난한 나라의 여성들에 대한 성착취에서 시작되었다는 점에서 '배드파더스' 문제와는 다르나, 아빠들이 자녀의 생존 및 건강한 성장을 위한 최소한의 양육 책임마저 외면하고 있다는 면에서는 본질적으로 같은 점이 있다. 이혼 후 부의 양육비 미지급 문제가 두드러지는, 특히 미혼부의 3.4퍼센트만이 양육비를 지급하고 있는 현실에서 양육비 이행 관리원을 만들고 양육비 소송 지원을 중심으로 하는 제도적 해결은 너무도 미봉책이다.

양육비 문제는 아동의 생존 문제다. 그간 여성·아동 인권 단체가 강하게 주장해왔던 것은 국가가 양육 부모에게 양육비를 선지급하고 양육비 지급 의무자에게 구상을 하라는 것이었다. 양육 부모가 소송 지원을 받아 양육비 지급 소송에서 승소한다고 해도, 상대가 재산을 숨겨놓거나 하면 받을 길이 요원하기 때문이다. 국가가 먼저 양육비를 지급하고, 양육비를 지급하지 않는 부모에게 적극적으로 구상을 하는 것이 가장 실효성이 있는 제도다. 이는 양육의 책임이 단지 개개인에게 있는 것이 아니라 사회의 공적 책임이라는 가치에도 부합한다. 국방비로 50조 원의 예산을 편성하는 대한민국의 경제 규모에서 양육비 선지급 정도의 정책을 시행하지 못할 이유는 없다고 본다. 의지가 없는 것이지 돈이 없는 것이 아니다. 실제 여러 나라에서 '양육비 선지급' 제도를 시행하고 있다. 그렇지 않은 경우에도 많은 나라에서 양육비를 지급하지 않는 부모에게 강력한 제재를 가한다. '배드파더스'의 명예훼손죄 성립 여부에 대한 국민참여재판에서의 무죄 선고 취지와 '나쁜 아빠들'의 명예는 아동의 생존권과 비교할 때 보호할 가치가 없다는 여론에 공감하면서도, 양육비의 문제가 '나쁜 아빠들'에 대한 문제 제기를 넘어서서 국가의 공적 책임의 문제로 귀결되기를 바라는 이유다.

감히 한국 남자와
만나고 헤어진 죄

법정에서의 결혼 이주 여성 잔혹사

2019년 7월 6일 오후 미국에 거주하는 페이스북 친구가 급하게 메시지를 보냈다. "변호사님 도와주세요!" 페이스북에 한 베트남 여성이 어린아이 앞에서 남편으로 보이는 남자에게 폭행을 당하며 구조요청을 하는 영상이 올라왔으니 내가 나서서 상황을 알아보고 도와달라는 내용이었다. 뒤늦게 메시지를 확인했는데, 다행히 이미 여성단체 등이 나서서 여성과 아이를 구한 상황이었다. 남편의 폭력으로 목숨을 잃은 여러 예가 떠올라 무사히 구출되었다는 소식이 그렇게 반가울 수가 없었다.

다음 날 회사에서 동료들과 식사를 하던 중, TV를 통해 이 사건을 두고 박항서 감독이 베트남에서 쌓아 올린 공든 탑이 무너질 것을 우려하는 '애국 보도'를 보았다. 누가 애국의 공든 탑을 무너뜨리나. 베트남 국적의 부인을 폭행한 한국 남자가? 아니면 한국인 남편의 폭행 사실을 알린 베트남 여성이? 애국의 이름으로 개개인의 삶을 저울질하는 공든 탑이라면 와르르 무너지는 것이 애초부터 정해진 운명이 아니었을지.

　　나는 꽤 오랫동안 이주여성법률지원단의 일원으로 법률 지원을 했다. 정기적으로 센터를 방문하여 무료 법률상담을 하고, 이혼 사건 변론 등의 지원을 하는 것이 주된 업무였다. 결혼 이주를 한 이들이 대부분이었고, 중국, 베트남, 캄보디아, 필리핀, 카자흐스탄 등 다양한 아시아 국적의 여성들이었다. 상담하는 여성들마다 저마다의 사연이 있었으나, 한결같은 내용은 남편과 시집 식구들의 학대, 출신국이나 출신 가정에 대한 무시와 모욕, 경제적 어려움 등을 견디기 힘들다는 것이었다. 상담을 진행할 때마다 나는 한국인으로서 부끄러움을 느꼈고, 사과의 말로 상담을 마무리할 수밖에 없었다. 결혼 이주 여성들의 잔혹사는 이미 여러 사례가 언론 등을 통해 알려져 있고, 나 역시 센터에서 상담과 변론을 하면서 직접 목격했다. 가장 심각한 경우에는 죽도록 맞고 결국은 죽음에 이르기도 한다. 문제는 이뿐만이 아니다. 우리나라 곳곳에서 심지어 법정에서조차 사람답게 대접받지 못하고 있다는 것, 그것이 바로 잔혹사의 실체다.

이주 여성 엄마가 겪는 차별의 굴레

A씨는 베트남 국적이었고, 어렵게 아이를 데리고 집을 나와 센터에서 마련한 쉼터에서 생활하고 있었다. 그녀의 남편은 서울에서 대학을 나오고 부친이 대학 교수이자 작가인, 꽤나 유복한 집안의 자제였다. A씨와 스무 살 가까이 차이가 나는 남편은 무슨 사연인지 부모와 연을 끊고 택시운전을 하고 있었다. 남편은 그녀를 집에 가두고, 여권을 뺏고 도망가지 못하도록 감시했다. 친정으로 돈을 빼돌릴까 의심하여 현금은 한 푼도 주지 않았고 의심이 날 때마다 폭행했다. A씨는 어렵게 센터의 도움을 받아 아이와 함께 남편으로부터 탈출했

고, 나는 그녀의 이혼 소송을 도왔다. 재판이 열릴 때마다 남편이 무서워서 숨어 있던 그녀였으나, 자녀를 남편으로부터 지키기 위해 끝까지 싸우기를 포기하지 않았다. 중국, 프랑스, 미국과 1,000년을 싸워 이겨낸 베트남 사람답게 용감했다. 남편은 A씨가 한국으로 돈을 벌러 오기 위하여 위장결혼을 했다, 베트남에 남자가 있었다는 등 거짓말을 하면서 그녀에게 결혼 파탄의 책임을 뒤집어씌우고 아이를 뺏기 위하여 온갖 방법을 동원했다. 연을 끊고 살던 부모까지 어떻게 설득했는지 법정에 등장했다.

재판 진행 중 판사는 면접교섭과 친권자 지정에 필요하다는 이유로 아이를 법정에 데려오라고 했다. A씨는 남편의 폭력에 대한 두려움으로 아이와 남편의 면접교섭에 협조하기 어려울 때였다. 나는 그녀와 법정 앞에서 만나기로 했다. 시간에 맞춰 사무실에서 출발하려고 하는데, A씨와 함께 온 센터의 자원봉사자로부터 다급히 전화가 왔다. 남편이 깡패들을 동원하여 법정 앞에서 아이를 납치해갔다는 내용이었다. 나는 너무 놀라 법원으로 달려갔다. 그 와중에도 폭력 상황에 혹시나 무기라도 될까 싶은 마음에 사무실에서 커다란 우산을 하나 챙겨 나갔다.

　법정 앞에서 벌어진 광경은 상상조차 해본 적이 없는 무시무시한 광경이었다. 아이를 납치하다 실패한 남편은 괴성을 지르며 법원 벽에 머리를 쿵쿵 박으며 자해를 했고 피를 흘리며 A씨와 주변 사람들을 위협하고 있었다. 경비원들도 우왕좌왕하며 경찰이 오기를 기다리는 중이었다. 간신히 나는 그녀와 아이를 데리고 피신할 수 있었다.

　그 일이 있은 다음부터 재판이 있을 때마다 A씨와 나는 법원 경비원의 경호를 받는 VIP(?) 신세가 되었다. A씨와 나는 처음부터 남편의 폭력으로 인해 생명의 위험까지 느끼는 상황임을 판사에게 호소하면서 아이와 남편의 면접교섭이 시기상조임을 이야기했다. 하지만 판사는 무조건 아이는 아빠와 만나야 한다는 원칙만을 강조하면서 무리하게 아이를 데려오도록 했고, 그 과정에서 폭력배를 동원한 아이 납치와 폭력 상황이 벌어졌다. 처음부터 판사는 이주 여성인 A씨의 친권 자격과 양육 능력을 의심했다. 비록 폭력을 휘두르는 아버지라도 한국인이고 중년 남자인 남편 쪽이 아이 양육에 더 적합하다는 생각을 자주 내비쳤다.

이주 여성의 이혼 사건을 변론하다 보면, 이주 여성의 친권 및 양육 자격에 대한 의심의 시선을 자주 마주친다. 남편이 아무리 폭력을 행사하고 아내를 학대해도 이주 여성의 친권과 자녀 양육 능력은 의문의 대상이 된다. 여기에 한국인 남자의 자식을 허락도 없이 이주 여성의 본국으로 데려가버릴 상황에 대한 의심까지 얹어진다. 한국에서도 자격이 없고, 본국으로 데려갈 수도 없는 모성이 바로 한국에서 이주 여성의 모성인 셈이었다. A씨는 비록 어렸지만, 아이를 폭력적인 아빠에게 내어줄 수 없었고, 지키고 싶어 했다. 결과적으로 그녀는 아이에 대한 친권과 양육권을 확보하고 이혼할 수 있었다. A씨는 현재 한국 국적을 취득하여 한국에 살며 아이를 양육하고 있다. 하지만 한국인들의 시선은 여전히 차갑기만 하고, 전남편의 위협은 상존하고 있다. 아이마저 이런 엄마가 가진 굴레에서 자유롭지 못하다. 소송이 끝난 지 수년이 지났지만 가끔씩 한밤중에 A씨에게 카카오톡 메시지가 온다. "변호사님, 저 많이 힘들어요."

'품행이 단정하지 못해'
국적 취득 불가라니

캄보디아인 결혼 이주 여성이었던 B씨는 이혼소송을 했으나 자녀의 친권과 양육권을 인정받지 못한 상태였다. 남편과 시어머니의 학대로 인한 이혼이었지만, 그녀의 경제력이 좋지 못하고 캄보디아로 아이를 데리고 갈 가능성이 있다는 등의 이유로 친권을 확보하지 못했다. 다행히 B씨는 비자를 받아 한국에서 일하며 돈을 벌고, 양육비를 지급하며 자녀와 면접교섭하며 지낼 수 있었다. B씨는 결혼하면서 한국 국적을 취득하지 못한 상태였기 때문에 국적법에 따라 일반 요건(거주기간, 일정한 재산)을 갖추어 국적 취득 신청을 했다가 취득이 거부됐다. 나는 법무부의 B씨에 대한 국적 취득 거부 처분이 위법하다는 행정소송을 지원했다.

법무부가 그녀의 국적 신청을 거부한 이유는 '품행이 단정하지 못하다'는 것이었다. 도대체 이게 무슨 뜻인가. B씨는 국적 취득을 위한 거주 요건, 일정한 재산 요건을 모두 갖추고 있었고, 거주기간 동안 범죄를 저지른 것도 아니었으며, 한국 국적인 자녀를 키우며 안정적으로 한국에서 살기 위해 한국 국적을 취득하려고 했다. 재판과정에서 법무부가 밝힌 B씨의 '품행 미단정 사유'는 결국 '그녀의 잘못으로 이혼을 했다'는 것이었다. 그런데 어처구니없게도 'B씨의 잘못'에 대한 증언 청취를 '이혼한 전남편과 전시어머니'에게 했다. 그들은 B씨가 '돈을 벌기 위해 위장결혼을 했으며, 아이도 낙태를 하려는 것을 겨우 말려서 낳았다' 등의 내용이 담긴 진술서를 법무부에 제출했고, 법무부는 그 진술에 근거하여 그녀의 품행이 단정치 못하니 한국 국적을 줄 수 없다고 판단했다. 사실 국적 부여 관련 건은 다음 기회에 국적 취득 신청을 할 수 있고 법무부의 재량이 매우 광범위하게 인정되기 때문에 소송을 하는 경우도 드물고, 승소하기도 어렵다. 그럼에도 B씨의 경우는 이례적으로 법무부의 국적 취득 거부 처분이 재량권 남용으로서 위법하다는 판단을 받았고, 승소할 수 있었다. 도대체 B씨의 품행 단정 여부를 이혼한 예전 남편과 시어머니에게 물은 법무부의 뜻은 무엇일까. 처음부터 법무부는 이주 여성에게 국적을 주기 싫었던 것이 아닐까. 한국으로 시집오는 '혜택'을 누리고도 감히 한국 남자와 이혼한 여자에게.

영화 〈파이란〉을 더 이상
좋아할 수 없는 이유

결혼 이주 여성 하면, 나는 영화 〈파이란〉을 떠올리곤
했다. 〈파이란〉은 2001년 개봉한 송해성 감독의 영화
다. 영화 속 파이란은 중국인 여성인데, 유일한 혈육인
이모를 찾아 한국에 오기 위해 삼류 깡패인 강재와 위
장결혼을 한다. 강재는 어느 날 잊고 있던 법적 아내의
사망 소식을 듣고서야 파이란을 찾게 되고, 유품 속에
서 자신과 결혼해준 강재에게 고마움과 사랑을 전하는
일기를 읽게 된다. 강재는 그녀의 일기를 읽으며 자신
도 모르는 사이에 누군가의 절절한 사랑을 받았다는 사
실에 감동하고 자신의 삶을 돌아보게 된다. 너무나 아
름다운 이야기였고, 청초한 중국 배우 장백지와, 강재
그 자체였던 배우 최민식의 연기 또한 일품이었다.

하지만 이주 여성 변론을 하게 된 뒤부터 나는 〈파
이란〉을 더 이상 아름다운 러브스토리로 좋아할 수가
없게 되었다. 청초하고, 순종적이고, 순수한 사랑의 결
정체로 그려지는 이주 여성의 모습. 이는 다름 아닌 한
국 남성들의 판타지다. 한국 남성에게 가난한 아시아

국가의 여성과의 결혼은 판타지의 구현이어야 하는데, 이는 결혼과 동시에 깨진다. 이주 여성들은 청초하지도, 순종적이지도, 순수하지만도 않은, 살아 있는 여성 그 자체이기 때문이다.

한국 남성들, 특히 국내 여성과 결혼을 성취하지 못한 남성들은 한국보다 가난한 아시아의 다른 여성을 찾아 값비싼 대가를 지불하고 결혼을 한다. 여러 명의 여성을 하루 만에 만나고, 그중 한 명을 선택하여 다음 날 결혼하는 경로가 부지기수다. 부강한 한국에 대한 동경을 품은 이국의 어린 여성들은 속이기 쉬운 대상이고, 남자들은 나이, 직업, 질병 여부, 결혼 여부 등 많은 것들을 속이고 결혼할 수 있다. 이 과정에서 결혼 중개업자들은 짭짤한 수입을 챙긴다.

큰돈을 주고 데려온 어린 아내가 자기가 기대한 판타지의 구현이 아니라는 것을 깨닫는 것은 순식간이다. 또 본전도 못 찾았는데 아내가 도망가면 어쩌나 하는 불안에 시달린다. 도망갈 것을 우려하여 한국말을 배우지 못하게 집안에 가둬두고, 본전 생각에 과도한 노동을 강요하기도 한다. 내가 변론한 사건에서는 남편이 돈을 벌어오라고 이주 여성 아내를 성매매업소에

126

팔아넘긴 사건도 있었다. 집안 남자들(시아버지, 시동생)의 성욕 해소 대상으로 이용한 경우도 있었다. 이 여성은 여성단체의 도움으로 탈출했으나, 얼마나 고통스러웠는지 위자료 청구 소송만을 변호사들에게 맡기고 한국에 머물기를 거부하며 자국으로 돌아갔다. 견디다 못한 아내가 도망가는 일들이 발생하자, 급기야 결혼 알선업체들은 "우리가 소개하는 여성은 도망가지 않습니다"라는 광고를 한 적도 있다. 낳은 아이를 시가에서 빼앗아가는 일도 자주 있었다. 한국의 혈통은 한국 사람이 키워야 한다는 이유로.

많은 부작용이 드러나면서 결혼 알선업체에 대한 제재도 강화되었고, 국적 취득 요건도 개선하여 남편의 책임으로 이혼하게 되는 경우 한국 거주 기간을 채우지 못했더라도 국적을 취득할 수 있게 바뀌었다. 그런데도 여전히 이주 여성들은 죽도록 맞거나, 도망쳐서 불법체류자가 되거나, 십수 년을 한국에서 살아도 제대로 한국말조차 못하는 환경에서 온갖 부당한 대우를 감수하고 있다. 제도가 강화되었다고 하나 여전히 사각지대가 넘쳐나고, 강화된 제도조차 이주 결혼이 한국 국적을 취득하기 위한 가짜 결혼이라는 의심의 틀

속에서 움직이고 있다. 국적 취득 요건은 이주 여성의 목을 조르고, 개선되기 어려운 언어 장벽은 이들을 더욱 고립시키고 있다.

간단하게 제도 몇 가지를 개선해서 될 일이 아니다. 결혼 못한 나이 많은 남자들이 넘쳐나는 한국 사회의 문제를 가난한 나라의 이주 여성과 결혼하게 하는 것으로 손쉽게 해결하려고 했던 과거의 과오를 반성하는 데서부터 시작하자. 아무 제약 없이 돈만 내면 누구나 손쉽게 할 수 있게 했던 이주 여성과의 혼인정책은 이주 여성의 인권을 극심하게 유린하는 결과를 낳았고, 이는 지금도 지속되고 있다. 과오를 반성하지 않고서는 올바른 정책도 나오지 않는다.

'도구'로만 존재하는
여성의 자궁

3부

여성의 고통은 외면하며
생명권을 말하는 위선

여성의 건강과 권리를 위협하는 낙태죄

초임 변호사이던 2001년, 성관계 뒤 72시간 내에 복용하면 임신을 막을 수 있는 사후피임약 '노레보'정의 국내 시판을 두고 찬반 논란이 벌어졌다. 종교계를 중심으로 반대하는 쪽에서는 성문란 야기, 무분별한 성행위의 증가, 생명경시 풍조의 확산, 청소년에게 미치는 부정적 영향 등의 이유를 들어 거세게 반발했다. 원치 않는 임신이 낙태로 이어지는 것을 막아주고, 불법 낙태시술로 위협받는 여성의 건강권을 보호할 수 있는 적절한 수단이라는 등의 이유로 당시 내가 속한 변호사

모임은 노레보정 수입을 허용해야 한다는 의견을 제출했고, 많은 여성인권단체 역시 적극 요구했다. 현재 벌어지고 있는 낙태죄 폐지 찬반 논쟁과도 꼭 닮았다. 결국 노레보정 수입은 허가되었고, 이제는 노레보정 외에도 여러 사후피임약이 도입되어 의사의 처방만 받으면 복용할 수 있게 되었다. 사후피임약 도입으로 (사후피임약을 믿고 벌이는) 무분별한 성행위가 증가했다거나 생명경시 풍조가 확산되었다는 이야기는 들어본 적이 없다. 오히려 낙태를 감소시켜 여성의 건강을 증진하는 데 기여했다는 결과는 다양하게 확인할 수 있다. 솔직히 나도 사후피임약 덕을 보았다.

낙태 동의한 남자는 무죄, 여성은 유죄

2018년 5월 24일 헌법재판소에서 낙태죄의 위헌 여부에 대한 공개변론*이 열렸다. 2012년 헌재에서 4대 4라

---

* 2019년 4월 11일 헌법재판소는 낙태죄 조항에 대해 헌법불합치 결정을 내렸다. 66년 만의 일이다.

는 결과로 6명인 위헌 정족수를 채우지 못해 합헌이 결정된 지 6년 만이었다. 나는 청구인 쪽 공동대리인단의 일원으로 변론에 참여했다. 청구인은 낙태한 여성이 아니라 낙태 여성을 도운 의사였다. 2012년 헌법재판소 판결의 청구인은 조산사였다. 정작 낙태죄로 가장 많은 피해를 보고 처벌받는 것은 여성인데, 낙태한 여성에 대한 ('문란한 여성' '이기적인 여성'이라는 등의) 사회적 낙인 때문에 당사자로 나서지도 못하는 형편이다.

한편으로 이는 낙태죄로 처벌되는 여성이 드물기 때문이기도 하다. 연간 50만 건의 낙태가 시행된다는 보고**가 있는데, 기소되는 예는 10건 내외로 매우 드물고 기소되더라도 선고유예, 벌금 등의 경미한 처벌이 있을 뿐이다. 이 때문에 낙태죄는 사문화된 조항으로 이미 실효성이 없는데 폐지 논쟁을 벌일 필요가 있느냐는 의견을 제시하기도 한다.

그런데 과연 그러한가. 기소되거나 처벌되는 사례가 드물 뿐이지 낙태는 여전히 형사법상 범죄다. 이는

** 〈낙태 연간 최대 50만 건 추정"…9년간 거의 동일〉, 《연합뉴스》, 2017년 11월 28일

낙태하는 여성들이 불법적인 의료시술을 받아야 한다는 의미이고, 시술 뒤에도 의료 혜택을 받지 못한다는 것을 의미하며, 낙태를 한 뒤에는 언제라도 범죄자로 처벌될 수 있는 굴욕적이고 위험한 상황에 놓인다는 것을 의미한다. 의사가 처벌 가능성을 감당해야 하는 불법 낙태는 많은 비용이 들고, 돈이 없는 취약계층 여성은 무면허 의료시술에 노출되어 죽기도 하며, 임상 경험이 풍부한 의사가 부족해 자궁 천공 등의 후유증에 시달려야 한다.

몇 년 전, 같은 모임의 여자 변호사들이 낙태로 기소된 여성의 변호를 지원한 적이 있다. 그녀는 결혼을 약속한 남자의 아이를 임신했다. 문제는 약혼자가 폭력을 일삼는다는 것이었다. 그녀는 임신을 한 상태에서도 하혈을 할 정도로 걷어차였다. 약혼자가 결혼할 만한 상대가 아니라는 것을 알았지만, 임신을 한 데다 남자가 그녀의 임신 사실을 (일부러) 소문냈기 때문에 자포자기하는 마음으로 결혼을 받아들였다. 결혼식을 올린 뒤 아직 혼인신고를 하지 않은 상태에서도 폭력 행사와 극심한 폭언, 협박은 계속되었다. 임신한 그녀를 배려하기보다 오히려 입덧과 구토를 하면 더럽다고 폭행을 했다. 아이를 생각하며 참기만 하던 그녀가 결별을 하려고 하자, 다급해진 남자는 그녀의 요구대로 각서를 썼다. '당장 정신과 상담·치료를 받되 (그녀의) 임신중절 1년 뒤 폭행이 개선된다면 그때 혼인신고를 하겠다.'

각서를 쓴 뒤에도 남자는 전혀 변하지 않았다. 결국 그녀는 남자와 결별하고 낙태를 했다. 이에 남자가 자신을 떠난 것에 앙심을 품고 그녀를 낙태죄로 고발하는 어처구니없는 상황이 벌어졌고, 그녀는 낙태죄로 기소되었다.

이 사건에서 특이한 점은 남자도 낙태죄의 공범으로 기소됐다는 사실이다. 자신도 낙태에 동의한다는 각서 때문이었다. 그런데 반전은, 남자가 자기는 동의를 철회했다고 주장했고 결국 그 주장이 받아들여져 여성은 벌금 200만 원을, 남자는 무죄를 선고받았다는 것이다. 남자는 이미 낙태가 이루어진 뒤 아이를 지우지 말라고 문자 메시지를 보냈는데, 그것이 낙태 동의 의사를 철회한 것으로 받아들여졌다. 남자는 짧았던 임신 기간 내내 그녀에게 폭행과 폭언을 했고 하혈까지 하게 하는 등 그녀를 계속 유산의 위험으로 내몰았다.

그런 남자는 무죄를 선고받고, 아이를 지키려고 했으
나 깊은 절망으로 어쩔 수 없이 낙태를 선택한 그녀는
유죄를 선고받아 낙태죄 전과자가 된 것이다. 변호인
단은 그녀에게 헌법재판소에 헌법소원을 해서 낙태죄
의 위헌성을 다퉈보자고 권했지만, 그녀 역시 낙태한
여성에 대한 사회적 낙인이 두렵고, 남자가 무죄를 선
고받은 상황에 절망해 끝내 포기했다.

상속 자격 박탈을 위해
며느리를 고발한 시아버지

헤어진 여자친구 또는 아내에 대한 앙심으로 여성을 낙
태죄로 고발한 예는 이 사건만이 아니다. 낙태한 여성
들이 기소되는 '예외적인 사례'는 거의 다 이런 경우다.
후배 변호사가 상담해준 사건 가운데 남자친구가 감옥
에 간 뒤 임신 사실을 알게 된 여성이 있었다. 20대 초
반의 그녀는 남자친구가 감옥에서 1년 이상을 살아야
하는 상황에서 불가피하게 낙태를 선택했다. 남자친구
가 석방된 뒤 둘은 다시 사귀다가 헤어지게 되었는데,

그러자 남자가 자신을 낙태죄로 고발하겠다고 협박한다는 것이었다. 만약 그녀가 고발당한다면 우리가 도와주리라 약속했다. 한편 남편이 사망한 뒤 임신 초기임을 알게 된 신혼의 여성이 낙태를 했는데, 시아버지가 그녀를 낙태죄로 고발한 경우도 있다. 그녀를 낙태죄로 처벌받게 해서 사망한 남편의 재산 상속 자격을 박탈하려는 목적이었다.

헌법재판소에서 변론할 당시 법무부는 낙태한 여성이나 낙태죄 폐지에 찬성하는 여성이 '성행위를 즐길 뿐 책임을 지지 않는 존재'라는 내용의 의견서를 제출했다가 거센 항의를 받고 철회하는 해프닝을 벌였다. 법무부가 의견서를 철회하기는 했지만, 이는 우리 사회가 여성을 어떻게 바라보는지 단적으로 보여주는 예였다. 임신을 하고 낙태를 한 여성은 그저 문란한 여성, 단죄해야 할 여성일 뿐이다. 100퍼센트 피임이 불가능한 현실, 성관계에서 여성이 피임의 주도권을 갖지 못하는 현실에서 원치 않는 임신이란 불가피하다는 것을 알면서도, 여성에게 출산을 강요하고 출산 이후의 모든 재앙적 미래(영아 유기와 살해, 자녀 입양 보내기, 과도한 양육 책임 등)는 여성이 감당하라고 하는 셈이다.

낙태죄로 처벌하겠다고 위협하면서.

소년분류심사원에 수용되어 있던 한 여고생이 있었다. 그는 영아살해죄목으로 수용되어 있었다. 알고 지내던 스무 살 남짓한 '오빠'의 아이를 임신했는데, 남자는 임신 사실을 알고 도망가버렸다. 여고생은 임신 초기에 낙태시술을 받으려 했으나 과도한 비용 부담으로 낙태를 하지 못했다. 나이 많은 조부모는 손녀가 살이 찌는 것으로만 생각했고, 여고생은 배를 꽁꽁 동여매고 전전긍긍 생활했다. 어느 날 이른 새벽 진통을 느끼고 자기 집 목욕탕에서 소리도 지르지 못하고 혼자 아이를 낳아, 무서운 핏덩이를 창문 밖으로 집어던지고 말았다. 여고생은 그 길로 집을 나가 여기저기 떠돌아다니다 결국 체포되었고, 소년분류심사원에 수용되었다.

너무도 참담한 심정이었다. 어른들 누구도 그 아이에게 안전한 낙태 등 의료 혜택을 제공하지 못했고, 그 아이는 임신 과정 내내 두려움과 불안에 떨어야 했으며, 출산한 뒤에도 산후조리는커녕 영아 살해라는 평생 씻을 수 없는 죄를 짓고 말았다. 만약 영아 살해를 저지르지 않았다면 과연 아이를 키울 수 있었을까. 아이를 유기했거나, 시설에 맡겨 입양을 보냈거나, 혹은 미혼모가 되어 온갖 차별과 멸시를 감내하며 아이를 양육했어야 했을 것이다. 우리 어른들 가운데 누가 그 아이에게 돌을 던질 수 있을 것인가.

헌법재판소에서 변론을 할 때 재판관들의 질문은 '태아도 생명인데 여성의 권리를 생명 앞에 내세우는 게 맞느냐'는 등 주로 태아의 생명권에 집중되었다. 우리 대리인단은 변론에서 태아의 생명권 대 여성의 기본권이라는 대립구도를 깬 좀 더 진전된 질문과 논쟁이 이뤄지기를 바랐다. 그런데 질문의 80퍼센트 이상이 태아의 생명권에 대한 것이었고, 대리인단은 생명 논쟁에 답을 하느라 많은 시간을 허비해야 했다.

낙태를 하는 여성도, 낙태에 찬성하는 여성도, 그누구도 생명이 소중하지 않다고 생각하지 않는다. 배속의 태아일 때든 태어난 뒤든, 아이를 감당해야 할 '이미 태어난 사람'인 여성이 자기의 운명을 결정할 수 있도록 해야 한다는 것일 뿐이다. 임신과 출산으로 인한 온갖 어려움은 오롯이 여성에게 짊어지게 하면서 태어나지 않은 생명의 고귀함만을 내세우는 것은 위선이다. 그렇게 생명을 존중한다고 하면서도 태아의 성별을 감별하여 여아인 경우 수없이 낙태가 이루어졌다. 오죽하면 법으로 태아 성감별을 금지했겠는가. 장애아를 임신한 경우는 어떤가. 낳으려고 해도 무모한 선택을 하지 말라며 오히려 낙태를 권한다. 시험관 시술 등으로 다 태아를 임신한 경우는 어떤가. 선택적 감수술(일부 태아를 낙태시켜 남은 태아 생존율을 높이는 시술)을 통해 사실상 낙태가 허용되고 있다. 과거 국가는 인구 조절을 목적으로 '월경 조절술'이라는 이름의 낙태를 하도록 권유하고 그 성과를 수집했다. 여성의 사정이 아니라 국가의 사정, 아들을 낳아야 하는 집안의 사정 등 저마다의 사정을 들이대며 낙태를 종용하고 허용했다. 오직 금하는 것은 여성의 사정, 여성의 결정에 의한 낙태뿐이다.

거스를 수 없는 낙태 비범죄화

현재 세계는 낙태에 관해 종교적 죄나 형법상의 범죄로 규율하던 중세 이후의 유산을 극복하고, 형법이 아닌 여성의 선택과 권리에 기반한 법률, 정책, 프로그램을 통해 여성의 권리를 보장하는 방향으로 가고 있다. 낙태한 여성을 처벌하는 것이 아니라, 여성이 출산을 선택할 수 있도록 권리를 보장하는 법과 제도를 구축하고, 불가피하게 낙태를 선택하는 경우에는 양질의 의료서비스를 제공하고 있다.

2018년 5월 25일 세계에서 가장 강력한 낙태처벌 국가였던 아일랜드는 국민투표로 헌법의 낙태금지 조항을 폐지했다. 아일랜드 여성들은 자신의 삶을 옥죄던 잔혹하고 굴욕적인 족쇄 하나를 벗어던진 것이다. 여성이 스스로 임신과 출산을 결정하고 자기 운명을 통제할 권리는 인간으로서 존엄하게 살아가기 위한 최소한의 조건이다. 세계의 여성들이 낙태죄 폐지와 낙태 비범죄화를 위해 연대하여 싸우고 있는 이유이다.

낙태하지 않기 위해 피임을! 선택하기 위해 교육을! 죽지 않기 위해 낙태 합법화를!

이것이 우리 여성들의 슬로건이다.

여성들에게도
빵과 장미를

계속되는 낙태죄 처벌의 위협

2019년 4월 11일, 대한민국 여성들은 자신들의 삶을 옥죄던 잔혹하고 굴욕적인 족쇄 하나를 벗어던졌다. 헌법재판소가 낙태죄 조항에 대해 헌법불합치 결정을 하면서 66년 만에 낙태죄가 폐지된 것이다. 나는 낙태죄 위헌소송 청구인의 대리인으로서 낙태죄의 역사적 퇴장을 지켜보았다. 헌법재판소는 태아의 생명과 임신한 여성의 기본권을 대결구도로만 보던 시각을 넘어서서 "임신·출산·육아는 여성의 삶에 근본적이고 결정적인 영향을 미칠 수 있는 중요한 문제이므로, 임신한 여성이 일정한 범위 내에서 자신의 몸을 임신 상태로 유지해 출산할 것인지 여부에 대해 결정하는 것은 자신의 생활영역을 자율적으로 형성해 나가는 것에 관한 것으로서 인간의 존엄성과 자율성에 터 잡고 있는 것이다. (중략) 임신한 여성이 자신의 임신을 유지 또는 종결할 것인지 여부를 결정하는 것은 스스로 선택한 인생관·사회관을 바탕으로 자신이 처한 신체적·심리적·사회적·경제적 상황에 대한 깊은 고민을 한 결과를 반영하는 전인적全人的 결정"이라고 선언했다. 여성들이 그토록 오랜 세월 외쳤던 바로 그 슬로건이다.

이처럼 임신과 출산으로 인한 온갖 어려움을 오롯이 여성이 짊어지게 하면서 태어나지 않은 생명의 고귀함만을 앞세우던 위선의 시대는 끝났다. 여성의 출산력을 통제해 여성을 지배하려던 시대가 끝난 것이다. 굴욕적인 시대를 끝낸 우리에게 새로운 시대를 열어 갈 숙제가 아직 남아 있다. 헌법재판소는 헌법불합치 결정을 하면서 2020년 말까지 새로운 법안을 마련할 것을 주문했는데, 새로 만들어질 법에 대한 말들이 많다. 여전히 태아의 생명권만을 내세우며 여성들이 무분별한 낙태를 할 것이라는 확인되지 않은 의심과 불안으로 형사처벌로써 여성의 임신과 출산을 통제하려는 시도가 계속되고 있다.

그러나 더 이상 그 무엇으로도 역사와 시대의 흐름은 거스를 수 없다. 이미 세계의 낙태법은 형법이 아닌 여성의 선택과 권리에 기반한 법률, 정책 프로그램으로 규율되고 있다. 여성이 스스로 임신과 출산을 결정할 권리는 이미 국가가 허용하는 것을 넘어서서 국가에 이행을 청구할 수 있는 '권리'로 인정되고 있는 것이다. 유엔 인권규범의 최고 권위기관인 국제인권조약기구 International Human rights Treaty Bodies를 포함한 국제인권기구들은 합법적 임신중단에 대한 접근성을 보장하는 것을 여성에 대한 차별 철폐를 위한 국가 의무의 일부라고 선언했다.

특히 1995년 중국 베이징에서 개최된 4차 세계여성회의는 여성의 재생산적 건강은 만족스럽고 안전한 성생활, 재생산 능력 그리고 그 시기와 방법을 결정할 자유를 포함하는 것이라고 정의했다. 여성의 낙태 결정은 국가가 마지못해 임신 몇 주 이내, 혹은 일정한 사유하에서만 합법적으로 허용해줄 대상이 아니라, 여성이 국가에 적극적으로 재생산 건강과 선택권·자유권 보장을 요구하는 권리로서 인정돼야 한다는 선언이었다. 따라서 낙태죄 폐지 이후의 새로운 입법은 낙태에 대한 비범죄화를 당연한 전제로 여성의 재생산권을 적극적으로 보장할 수 있는 사회보장제도 도입까지로 나아가는 미래지향적인 것이 돼야 할 것이다. 이것이 112년 전 오늘* 빵과 장미를 달라고 요구하던 여성들의 살아 숨 쉬는 현재적 요구다.

그런데 2020년 10월, 정부는 낙태죄 관련 형법개정안과 모자보건법 개정안을 기습적으로 입법 예고하였다. 헌법재판소가 낙태죄 조항에 대해 헌법불합치 결정을 하였음에도 여전히 낙태죄 조항을 유지한 채, 낙태 허용사유를 따로 정한 후 허용 사유 외의 낙태는 처벌하겠다는 내용이었다. '과거의 낙태 처벌 범위와 비교해보면 낙태 허용사유가 많이 확대되었으므로 뭐가 문제냐' '태아의 생명권이 더 중요하다' 등의 이야기들이 오르내린다. 여전히 여성의 결정은 생명을 경시하는 이기적이고 못 믿을 결정으로 취급되며, 처벌하

* 1908년 3월 8일 미국의 여성 노동자들이 근로 여건 개선과 참정권 등을 요구(빵과 장미)하며 시위를 벌인 날로, 현재까지 이 날을 '세계 여성의 날'로 기념하고 있다.

겠다고 위협하면서 태아의 생명보호의무와 책임을 여성에게 떠넘기고 있는 것이다. 임신 후기 낙태의 형사처벌은 보호와 지원이 가장 필요한 미성년자, 성폭력 피해자, 지적 장애인 등 취약한 여성들에게 집중될 가능성이 높다. 생각만 해도 심장이 조여 온다.

형벌로서는 태아의 생명보호의무도, 여성의 권리보장도 아무것도 달성하지 못했다며, 권리보장적 법과 제도를 강화하라는 헌법재판소의 결정은 빛이 바래고 있다.

낳는 것도 키우는 것도
허락되지 않았다

'주홍글씨'를 달고 살아가는 미혼모의 권리

2007년 개봉한 미국 영화 〈주노〉는 10대 미혼모에 대한 이야기이다. 교내 밴드에서 기타를 치고 하드록을 좋아하는 고등학교 2학년생 주노는 첫 성경험에 대한 호기심을 친구와 실천(?)에 옮기고, 두 달 뒤 임신 사실을 알게 된다. 주노는 아이를 낳기로 결심하고 입양 부모를 직접 찾아 나서는데, 모든 면에서 완벽해 보이는 불임 부부를 만나 그들에게 곧 태어날 아기를 입양 보내기로 결심한다. 그 뒤로 행복하게만 보였던 예비 양부모가 이혼하게 되면서 부모가 모두 있는 '완벽한 가정'을 아이에게 주고 싶었던 주노는 갈등하게 되지만, 결국 예비 엄마의 진심을 알아보고 그를 자기 아이의 엄마로 인정한다.

이 영화를 보면서 가장 좋아 보였던 것은, 주노가 10대 미혼 임신부지만 당당히 학교를 다니며 모든 상황을 주도한다는 점이었다. 주노 역시 주변의 따가운 눈초리로부터 자유롭지 못했지만, 우리나라에서 미혼모, 그것도 미성년자의 임신을 대하는 태도와 비교해 보면 참으로 부러운 것이었다. 주노는 학교에서 쫓겨나지도 않았고, 부모에게 머리를 깎이거나 얻어맞거나 자신의 의사와 무관하게 낙태를 위해 산부인과로 끌려가지도 않는다. 또한 혼자 몰래 아이를 낳거나, 미혼모 시설에서 아이를 낳은 뒤 누구일지도, 어느 나라 사람일지도 모를 양부모에게 아이를 입양 보내지도 않는다. 모든 순간 자신의 선택에 따라 자신과 아이의 운명을 결정한다.

사이가 좋지 않던 계모에서부터 아이를 입양 보내기로 한 예비 엄마에 이르기까지, 주노는 주변 어른들과 사회의 적절한 지원을 받았다. 누구도 주노를 주눅 들게 하거나 부끄럽게 하지 않았고 진심으로 조언하고 지원했다. 미국 사회의 현실도 영화가 그린 세상만큼 미성년 미혼모에게 녹록하지는 않겠지만, 한국 사회가 미혼모를 어떻게 대해왔는지 생각해보면 참으로 부러운 영화 속 세상이 아닐 수 없었다.

추방 입양인의 삶에 비친
미혼모의 현실

남자는 네 살 되던 해에 미국으로 입양되었다. 1970년대였다. 그의 친부모는 혼인신고를 하지 못한 채 아이 셋을 낳고 살았는데, 아버지는 셋째가 태어나자 집을 나가 연락이 두절되었다고 한다. 어머니는 미혼모라는 이유로 집안의 도움을 받지 못했고, 생활고에 시달리다 결국 아이들을 입양 보내게 되었다. 아들이 애비 없는 자식이라고 손가락질받지 않아도 되고, 잘 먹고 잘 배울 수 있는 좋은 환경이 기다리고 있다는 말에 어렵게 해외 입양을 결심했다고 한다.

그런데 입양기관의 설명과 달리 그는 좋은 환경에서 성장하지 못했다. 첫 번째로 입양된 집에서는 학대를 당하다 파양당했다. 그 이후 4년 가까이 낯선 미국의 고아원 등 보호 시설을 전전하다 두 번째로 입양되었다. 두 번째 입양된 집은 더욱 가혹했다. 입양 가정에는 이미 다수의 입양 아동이 있었고, 여러 명의 위탁 아동까지 있었다. 그의 기억에 많을 때는 열두 명의 아동이 함께 지낼 때도 있었다고 한다. 두 번째 입양 부모는 입양과 아동 위탁 보호를 하면서 주 정부의 지원을 받아 생활했다. 입양이 돈벌이 수단이었던 셈이다. 두 번째 양부모는 그를 비롯해 아이들을 가혹하게 학대했고, 결국 서른네 건에 이르는 강간, 성적 학대, 가혹행위 등의 죄목으로 유죄판결을 받았다.

그 후 그는 열일곱 살에 노숙자가 되어 혼자 힘으로 살아가야 했다. 닥치는 대로 아르바이트를 해서 하루하루 연명하는 삶이었다. 그는 한국에서 가져온 유일한 물건인 고무신과 성경책을 가지러 양부모 집에 갔다가 주거침입 및 절도로 처벌받고 전과자가 되었다. 가해자인 양부모는 미국의 사법절차를 이용하여 흉악한 죄명에도 가벼운 처벌을 받았지만 피해자인 그는 훨씬 중한 형을 받았다. 그럼에도 그는 불굴의 의지로 새로운 삶을 살기 위해 노력하여 고교학력인증시험을 치고 다양한 직업 관련 자격증을 취득했으며, 결혼도 해자녀를 두었다. 그런 그는 어느 날 자신이 미국 영주권자일 뿐 미국 국적을 가진 시민권자가 아니라는 것을 알게 되었다(그와 같은 처지의 입양인이 미국에만 1만 5,000명가량이라고 한다). 해외 입양에서 입양아 생존의 가장 기본 조건이라 할 수 있는 국적 취득 절차가 진행되지 않았던 것이다. 그는 변호사의 도움을 받아 강제퇴거명령 취소 소송을 했으나 1심에서 패소했고, 항소를 포기했다.

그는 소송 중 한국의 방송에 출연했다가 자신을 낳은 모친과 상봉할 수 있었다. 그런데 그와 모친의 상봉이 소송에 악재가 되었다. 검사는 그에게 재판에서 이긴다고 해도, 모친이 있으면서도 고아로 입양서류를 조작하여 입국했으니 어차피 추방될 것이라고 경고했다. 성년이 된 그에게, 네 살 때 입양기관이 허위로 만든 고아 호적에 대한 책임을 묻겠다는 것이었다. 그는 더 이상 희망이 없음을 깨닫고 항소를 포기했다. 부인과 젖먹이 딸을 미국 땅에 남겨 둔 채, 그는 한국으로 추방되었다. 네 살에 한국을 떠났으니 37년 만이었다.

한국 땅에서 그는 한국인 얼굴을 한, 영어만 구사할

줄 아는 이방인이다. 내가 속한 변호사 모임 소속 변호사들은 그의 사연을 접하고, 해외 입양인들의 국적 취득 조력 및 확인 등 의무 이행을 소홀히 한 입양기관과 국가의 법적 책임을 묻는 소송의 진행을 그와 의논했다.

사실 그에게 가장 필요한 도움은 미국으로 돌아가 가족과 함께 살아갈 수 있는 방법을 찾아주는 것이었지만, 미약한 변호사의 힘으로 고작 도와줄 수 있는 것이라고는 그가 입은 피해에 대해 승소조차 장담할 수 없는 소송으로 국가의 손해배상 책임을 묻는 것뿐이었다. 그는 승소를 위해서가 아니라 국가와 입양기관이 무슨 잘못을 했는지, 해외 입양인들이 어떤 고통을 겪고 있는지 알려주고 싶다면서 어렵게 소송을 결심했다.

나는 해외 입양인인 그의 고통과 대면하고, 그의 머리와 입이 되고, 그와 같은 심장으로 그를 위해 싸우고자 소송을 시작했지만 한편으로는 그의 어머니를 비롯해 자식을 먼 이국땅에 입양 보낼 수밖에 없었던 수많은 미혼모에 대한 생각이 떠나지 않았다. 그의 어머니는 잘 살라고 부자 나라로 입양 보낸 아들의 비극까지 목도하고 있지 않은가.

한국 땅에서 미혼모들은 낙태를 해도, 아이를 낳아

도, 입양을 보내도, 스스로 양육을 해도 손가락질받기 일쑤이고, 그중에서 가장 허락되지 않는 것은 직접 아이를 키우는 것이다. 가부장 사회의 룰을 어기고 감히 결혼도 하지 않고 아이를 낳은 미혼모에 대한 최대의 처벌은 아이를 키울 수 없게 하는 것이다. 이마에 주홍 글씨를 새겨 넣는 대신 아이를 빼앗음으로써 심장에 죽어도 지워질 수 없는 고통의 각인을 새겨 넣고 여성들에게 경고하는 것이다. 가부장 질서를 어긴 여성에게 주어지는 처벌이 얼마나 가혹한 것인지를.

고아 수출국이라는 오명

해외 입양은 한국전쟁 직후 전쟁고아를 입양 보내기 위해 시작되었다. 그러나 실상을 보면, 이는 전쟁고아가 아닌 혼혈아동과 미혼모의 아이를 입양 보내는 데 활용되었다. 보건복지부의 자료*에 따르면 1955년부터

---

*　〈그들은 죽지도 않은 자식을 가슴에 묻었다〉,《프레시안》, 2017년 11월 21일

1961년까지 해외 입양된 많은 아동이 미군과 한국 여성 사이에서 태어난 혼혈이었음이 확인된다. '아버지의 나라에 자녀를 보내자'는 구호 아래 순혈주의를 앞세워, 외국 남자의 아이를 낳은 불결한 여자라는 편견과 차별의 공포에 질린 모성을 짓밟고 사실상 엄마와 아이를 강제로 분리했다.

1951년부터 2012년까지 한국에서 미국으로 입양 보낸 아동의 수는 무려 11만 1,148명으로 추정된다. 아시안게임이 있었던 1986년에는 8,600여 명, 올림픽이 있었던 1988년에는 6,400여 명의 아이가 해외로 입양되었다. 그들 중 90퍼센트가량이 미혼모의 아이였다고 한다. 이는 해외 입양이 전쟁고아보다 미혼모 아이의 입양을 위해 활용되었음을 보여주는 통계 수치다. 해외 입양이 한국 내에서 보호하기 어려운 아동을 구제하기 위한 불가피한 수단이었다고 하더라도, 미혼모 아이의 수가 지나칠 만큼 많은 이 입양 통계는 가부장 사회가 결국 결혼하지 않고 아이 낳은 여자를 수치스러운 존재로 치부해 모성을 존중하지 않았음은 물론, 그 아이조차 한국 내에서 용인하지 못했다는 사실을 드러낸다.

나는 몇 년 전 우여곡절 끝에 친모를 찾은 해외 입

양인 한 분을 만난 적이 있다. 그는 1970년대 후반에 쌍둥이 언니와 함께 같은 가정으로 입양되었다. 그가 가진 단서는 입양 당시 쌍둥이 언니와 함께 찍은 사진뿐이었다. 입양기관을 방문했으나 호적에 그는 고아로 기재되어 있었고, 친부모에 대한 아무런 자료도 남아 있지 않았다. 마지막 방법으로 그는 친모가 자신을 알아봐주길 바라며 한국의 한 방송 오디션 프로그램에 출연했다. 그 뒤 TV에서 공개된 쌍둥이들 사진을 그의 이모가 알아보았다고 한다. 친모는 미혼모였고, 친모의 모친(그의 외할머니)이 친모 몰래 입양기관에 쌍둥이들을 데리고 갔다고 했다. 입양기관은 친모가 있음을 알면서도 친모의 동의 없이 쌍둥이들을 기아로 허위 신고하고, 고아 호적을 창설해 미국으로 입양을 보낸 것이었다.

미혼모의 동의 없이 그 가족들이 아이를 빼앗아 해외 입양 보낸 사연은 드문 것이 아니다. 그의 친모는 쌍둥이의 출생신고가 기록된 호적을 말소하지 않은 채 평생을 기다렸다고 했다. 해외 입양인 중 친부모를 찾는 데 성공한 경우는 3퍼센트도 안 된다*고 하는데, 그처럼 대부분 고아 호적으로 입양을 간 경우가 많은 데

155

다 친부모가 있었던 경우에도 입양기관에 자료가 제대로 보관되어 있지 않아 찾기가 쉽지 않기 때문이다. 출생 기록은 해외 입양인에게는 친부모(자신의 정체성)를 찾을 수 있는, 친부모에게는 자식의 생사를 확인할 수 있는 유일한 단서인데, 입양기관에서 그 마지막 단서마저 사라진 것이다. 그와 친모는 참으로 운 좋게 기적처럼 서로를 찾았다.

미국인 리처드 보아스는 한국 미혼모의 아이를 입양한 양부였다. 그는 입양한 딸로 인해 자신이 누린 행복에 보답하고 싶은 마음에 한국을 방문했다가 자신의 기대와는 너무 다른 미혼모들의 현실을 목격하고 큰 충격을 받았다. 그가 미혼모 생활시설에서 만난 임신부들은 아이를 낳기도 전부터 입양동의서에 서명을 한 상태로 사실상 양육과 입양에 대해 선택할 권리가 없었고, 가족과 사회로부터 고립되어 생활하고 있었다. 그는 그런 미혼모의 고통을 모른 채 입양으로 행복했던 자신에게 죄책감을 느끼고 한국의 미혼모와 그 자녀의

＊　〈'3%의 확률'에도 부모 찾아 한국으로〉,《채널A 뉴스》, 2018년 5월 8일

양육을 돕기로 결심해 2007년 한국미혼모지원네트워크를 설립했다.

2013년 입양특례법이 개정되기 전에는 입양기관이 미혼모 시설을 운영할 수 있었다. 입양기관이 운영하는 미혼모 시설은 입양아동을 안정적으로 제공하는 공급처 구실을 했다. 아마도 리처드 보아스는 그러한 시설을 방문했던 것 같다. 과거 미혼모 시설에 입소하기 위해서는 출산 전에 입양동의서에 서명을 해야 했다. 아이를 출산하고 아이를 안아보면서 마음이 바뀌어도 미혼모 시설에서 아이를 출산할 때까지 들어간 비용을 모두 변제해야만 아이를 데려갈 수 있다는 말에 아이를 포기하는 경우도 있었다고 한다.

입양기관은 해외 입양이 성사되면 아이 한 명당 수수료를 받았다. 한국의 1인당 국민소득이 4,571달러이던 1988년 한국 아동의 미국 입양 수수료가 5,000달러였으니, '아기 공장' '고아 수출국'이라는 오명에도 한국이 해외 입양을 계속한 이유가 돈 때문이었다는 비판은 어쩌면 당연한 것인지도 모른다.

저출생이 큰 사회적 문제가 된 요즘, 미혼모의 출산과 양육에 대한 우리 사회의 태도는 많이 나아졌는

가. 2018년 5월 보건복지부가 배포한 통계자료를 보면 2017년에도 해외 입양아의 99퍼센트가 미혼모 자녀였다. 2018년 한부모 가정의 아동 양육비는 최대 18만 원이었으나, 아이를 입양 보내기 위해 보호시설에 맡기면 시설에 의료비 등 각종 수당으로 아이 한 명당 128만 원이 지원되었다. 여전히 미혼모의 모성을 존중하고 양육을 지원하기보다는 입양을 강제하는 사회인 것이다.

출생률을 높인다면서 지자체별로 출산수당 높이기 경쟁에 열을 올리고 있다. 출생률이 낮아지는 이유는 삼척동자도 다 아는 것 아닌가. 아이를 낳아도 기를 수 없는 세상에서 어떤 여성이 아이를 낳을 것인가. 복잡하게 생각할 것 없다. 여성의 인권이 증진되는 만큼 출생률은 높아질 것이다. 그 시작점에 미혼모의 권리가 있다.

간절한 목소리
"내 아이를 찾아주세요"

여성과 아동의 권리는 없는 입양제도

변호사 생활 어언 20여 년, 내세울 것 없는 경력 가운데
서도 마음 깊이 큰 돌덩어리로 매달려 나를 부끄럽게
하는 사건이 있다. 전문가인 나를 믿고 찾아와 오로지
나에게 의지했던 이에게 결국 법적으로는 아무것도 해
줄 수 없었기에, 무력감을 넘어 변호사로서 스스로의
자격 자체를 의심하게 한 사건. 변호사인 내게 평생의
숙제를 안긴 사건.

　10여 년 전 내 사무실로 한 소녀가 찾아왔다. 약속
도 없이 갑자기 찾아와서는 큰 눈으로 눈물을 뚝뚝 떨

어뜨리며 자신의 아이를 찾아달라고, 도와달라고 나에게 매달렸다. 이 홍안의 어린 소녀가 아이 엄마라니, 자기 아이를 찾아달라니 당황스러웠다. 그녀는 이제 갓 20세였고 19세의 어느 날 아이를 낳았다. 동갑내기 남자친구가 아이를 감당할 수 없다고 하여, 친권 포기 각서를 쓰고 미혼모 시설에 들어갔고, 아이를 낳은 후에는 아이 얼굴도 제대로 못 보고 입양을 보냈다고 했다.

아이를 입양 보낸 이후 그녀는 아이에 대한 죄책감과 그리움 때문에 사는 게 사는 게 아니었다. 결국 그녀는 남자친구를 설득하였고, 남자친구도 마음을 바꾸었다. 그러나 그녀는 아이를 찾을 수 없었다. 미혼모 시설을 찾아가 아이 소재를 알려달라고 했지만 시설에서는 이미 친권을 포기했으니 안 된다면서 거절했다고 한다. 그 뒤로도 수도 없이 찾아가 매달려도 보고 눈물로 읍소도 하였지만 시설 측은 완강했다. 그녀는 다시 자신을 도와줄 변호사들을 찾아다녔고 그렇게 나에게 왔다.

당시 입양촉진 및 절차에 관한 특례법(이하 '구 입양촉진법')상 입양을 취소할 수 있는 기간인 6개월은 이미 지난 상태였지만, 양부모 소재만 파악된다면 협

160

의에 의한 파양 등의 방법이 가능했다. 우선 양부모의 소재를 파악하는 것이 시급했다. 나는 직접 시설에 전화를 걸어 아이 소재를 알려달라고 부탁했다. 입양취소, 파양 등 법적 절차를 떠나 친부모가 아이를 키우겠다고 찾아다니는데 더 늦기 전에 최소한의 기회를 줘야하는 것 아니냐, 양부모도 이런 상황을 알아야 하는 것 아니냐며 애원도 해보고, 반협박도 해보았다. 그러나 시설에서는 아이는 좋은 가정에 입양되어 잘 자라고 있다며 이미 친권을 포기한 이상 마음을 바꾸었다고 해서 알려줄 수는 없다고 했다. 친부모가 양육하겠다며 아이를 이렇게 간절히 찾는데 더 나은 환경이 있는 거냐, 경제적인 여유가 친부모의 사랑보다 더 필요한 거냐며 항의해보았으나 묵묵부답이었다.

양부모는 좋은 직업을 가진 사람들로 아이에게 유복한 환경을 제공해줄 수 있는 이들이었다. 그들은 아직 출생신고가 되지 않은 아이를 데려가서 친자로 출생신고하고, 비밀을 지키기 위해 먼 곳으로 이사까지 가는 과거의 전형적인 방식으로 입양을 하였다. 시설에서는 오히려 나를 설득했다. 유복한 환경의 양부모가 아이를 키우는 것이 아이에게 좋은 일이라고, 아이를 낳은 엄마도 모든 것을 다 잊고 자기 인생을 살 수 있도록 설득해달라고…. 나 역시 시설 측의 이러한 설득에 마음이 흔들리지 않은 것은 아니었다. 이제 갓 스무 살인 부모, 여의치 않은 환경. 시설 측의 말이 맞는 건 아닐까. 차가운 머리는 자꾸만 그녀를 설득해보라고 했다. 그러나 나라면, 형편이 안 된다는 이유로 내게 딸을 포기하라고 한다면 나는 어떻게 할 것인가.

그녀는 흔들리지 않았다. 자신이 아이를 낳은 친엄마이며, 자신만큼 아이를 사랑하며 키울 사람은 없다, 이미 한 번 아이를 포기하였으니 그에 대한 죄를 씻기 위해서라도 아이를 더욱 사랑하며 키울 것이라며 절대 아이를 포기할 수 없다는 뜻을 비쳤다. 과연 아이가 선택할 수 있다면 아이는 누구를 선택할까.

시설과의 몇 차례 다툼 끝에 결코 설득할 수 없음을 깨달았고, 다른 방법을 찾을 수밖에 없었다. 양부모의 소재도 파악하지 못한 상황에서 소송을 통해 아이를 찾아온다는 것은 너무도 요원한 일이었다. 그사이 아이는 성큼성큼 자란다. 결국 나는 언론에 알리고, 각종 기관에 호소하는 길이 더 빠를 수 있다는 엉터리 조언을 해야만 했다. 법보다 주먹이 먼저라는 조언을 한 셈이었다. 결국 일은 그렇게 해결되었다. 양부모가 친엄마가 애타게 아이를 찾는다는 소식을 접하고 고민 끝에 아이를 그녀에게 보낸 것이다. 양부모는 1년 이상을 갖은 사랑으로 아이를 키웠다. 아이를 위해 입양 사실을 들키지 않을 곳으로 이사까지 가서 친자식으로 삼아 키웠다. 그런 아이를 돌려보내다니, 그들은 진정 아이를 진심으로 사랑했음이 분명했다.

그녀와의 만남은 나에게 변호사로서는 무력감을 안겨주었지만, 이후 변호사 생활에서 입양 문제를 비롯한 미혼모, 아동 인권에 관심을 갖게 되는 계기가 되었다.

이 이야기는 미혼모를 괴롭히고 있는 법으로 자주 지목되어온 입양특례법이 개정되기 전의 일이다. 당시 미혼모 대부분이 그랬듯 그녀가 있었던 곳도 입양기관 부설 미혼모 시설이었는데, 이러한 시설은 아이를 입양 보내는 것이 목적이기 때문에 입소 자체가 입양을 약속해야만 가능하다. 이런 미혼모 시설에서는 미혼모가 아이를 낳으면 절대 얼굴을 보게 하지 말라는 것이 철칙이었다고 한다. 아이의 얼굴을 본 엄마, 젖을 물려본 엄마는 아이를 포기하기가 쉽지 않기 때문이란다.

이렇게 아이를 포기한 엄마들은 많은 경우 아이가 좋은 부모를 만났는지에 대한 정확한 정보도 듣지 못한다. 이 경우처럼 마음이 바뀌어도 법에서 정한 입양취소 절차를 밟는 것조차 쉽지 않았다.

1989년도 국회 국정감사 보건사회위원회 회의록을 살펴보면 "4대 해외입양 기관들이 입양 보낼 신생아를 확보하기 위하여 산부인과 의원, 조산원 간호사들에게 금품을 수수하면서 불법적으로 분만보조비나 양육비를 지급하고, 상담원들의 주업무가 부모로 하여금 아이의 친권을 포기하도록 설득하는 데까지 이르렀다" "입양아들을 입도선매하는 입양기관이 미혼모 예방책을 강조해서 했다는 것이 무엇을 의미하는 것인지 진상을 밝혀라"라는 내용이 기재되어 있는 등 입양기관이 미혼모 시설을 운영하는 것의 문제가 이미 지적되고 있었다. 그럼에도 오랫동안 입양촉진법은 입양기관이 부설 미혼모 시설을 운영하는 것을 허용했다. 2011년에야 입양촉진법을 전면개정하면서(2012년 8월 5일부터 시행), 앞서 그녀가 아이를 보낸 곳과 같은 입양기관 부설 미혼모 시설은 금지되었다(2015년 7월 1일부터 시행). 또한 개정 입양법은 아이 출생 후 일주일간 숙려기간을 주어 출생 즉시 입양하는 것을 금지하였다. 그녀와 같은 경우가 알려지면서 친모가 아이를 키울지 결정하기 위해서는 충분한 시간이 주어져야 한다는 문제 제기가 뒤늦게나마 수용된 것이다. 개인적으로 일주일은 입양 여부를 결정하기에는 너무 짧은 시간이라 생각하지만, 아이를 찾던 그녀의 경우 일주일이라도 아이와 함께 할 시간이 주어졌다면 어땠을까. 그랬다면 그녀도 아이도 양부모도 그 고생을 겪지 않아도 되었을지 모른다. 입양을 우선시하던 미혼모 시설과 달리 미혼모와 아이가 가정을 이룰 수 있도록 지원하고, 그래도 입양을 선택하는 경우 이에 대한 충분한 숙려의 기회를 주는 미혼모 시설의 경우, 많은 수의 미혼모가 아이와 가정을 이루는 것을 선택한다고 한다.

여성과 아이의 권리는 없는 개정 입양법

그런데 이처럼 숙려기간, 입양허가제 등의 내용을 담고 있는 개정 입양법에 대한 말들이 여전히 많다. 개정

165

된 입양법에 따르면 아이에 대한 출생신고를 해야만 아이를 입양 보낼 수 있기 때문에, 아이를 출산한 흔적이 남지 않길 원하는 미혼모들이 아이를 유기한다는 것이다. 심지어 아이를 죽이지 말고 안전하게(?) 버리라는 베이비 박스가 운영되기에 이르렀다. 언론의 보도 행태도 여기에 맞추어 아기가 유기된 사례를 선정적으로 보도하고, 그 원인을 무조건 개정 입양법 탓으로 돌리는 경우가 종종 있다. 그런데 이는 완전히 잘못된 주장이다. 구 입양촉진법하에서도 출생신고를 해야만 합법적인 입양이 가능했다. 이를 회피하기 위하여 기아(고아) 호적을 만들어 아이를 입양시키는 불법 관행이 빈번했다.

구 입양촉진법과 개정 입양법의 가장 큰 차이는 법원의 허가가 있어야만 입양이 가능해졌다는 점(입양허가제)이다. 이는 유엔 아동권리위원회의 지속된 권고를 받아들인 결과다. 법원에 의한 입양허가제의 도입으로 과거와 같은 입양, 즉 가짜 기아 호적을 창설하는 불법 입양이 어려워졌다. 이를 두고 개정 입양법 때문에 출생신고를 해야 해서 아이를 유기한다는 잘못된 주장을 하고 있는 것이다.

출생신고는 의무이며, 출생의 기록은 입양아동의 입장에서는 생존의 문제이자 자신의 기원을 확인할 수 있는 끈, 친생모의 입장에서는 아이의 생존을 확인할 수 유일한 끈이다. 입양아동의 출생 사실을 어떠한 기록에도 남기지 않고 완전히 삭제하는 것이 과연 입양을 선택한 엄마의 인권을 보호하는 일인지도 장담할 수 없는 일이다. 개정 입양법에 따르더라도 아이가 입양되면 친모의 기록에서 아이는 삭제되고, 기록의 열람은 엄격히 제한되는 등 친모의 개인정보 보호를 위한 장치들이 마련되어 있다.

친모가 출생신고를 하지 않기 위해 아이를 버린다거나, 죽이지 말고 안전하게 버리라는 식의 말들은 낙태한 여성을 두고 성행위만 즐길 뿐 책임을 지지 않는 여성이라 하는 비난과 일맥상통하는 것으로 대단히 모욕적이며 여성의 고통은 전혀 고려하지 않는 발언들이다. 미혼모에 대한 극심한 편견을 고려하면 출산 기록이 남는 것이 두려워 아동 유기를 택하는 경우도 있을 것이다. 그러나 단지 출생신고 때문에, 기록에 출산의 흔적이 남는다는 이유만으로 아이를 유기하겠는가. 친모가 아이를 유기하는 원인은 너무나도 복합적이지만,

167

가장 큰 이유는 아이를 키울 수 없는 현실 때문일 것이다. 미혼모에 대한 사회적·구조적 편견과 경제적 어려움, 그리고 자신의 장래에 대한 두려움 등 훨씬 더 복잡한 문제이다. 이를 어찌 '기록이 남는 문제'로 단순화할 수 있을 것이며, 그것이 두려워 '아기를 죽일 수 있는 모성'으로 (혐오)표현할 수 있단 말인가.

구 입양촉진법을 입양특례법으로 전면 개정한 이유는 최우선적으로 원가정, 즉 친부모가 아이를 키울 수 있는 환경을 조성하고, 불가피한 경우 예외적으로 국내입양을 우선하고 마지막으로 해외입양을 하도록 하는 것이었다. 구 입양촉진법이 개정되기 전에도 국내외 입양을 불문하고 입양아의 대부분을 미혼모의 아이들이 차지했는데, 법이 개정된 이후에도 이는 여전하다. 낙태를 하면 생명을 경시하는 무책임한 여자라고 손가락질하면서 막상 아이를 낳으면 미혼모라고 손가락질하고 양육지원도 미흡하여 결국 전과 같이 입양을 선택하게 하는 현실인 것이다.

2019년 헌법재판소는 낙태죄 조항에 대해 헌법 불합치 결정을 하면서 미혼모의 열악한 현실을 지적하고, 형사 처벌은 여성의 권리만 침해했을 뿐 실질적으로 태아의 생명을 보장하는 역할을 하지 못했다면서 사회보장제도를 강화해 여성의 현실을 바꿔야 한다는 취지의 설시를 하였다. 그런데 위 결정이 나오자마자 미혼모의 권리보장을 위해 도입해야 하는 제도로 '비밀출산제'를 도입해야 한다는 이야기들이 오르내렸고, 이것이 실제 '보호출산제'라 이름으로 검토되고 있다. '비밀출산제'는 가톨릭의 강력한 영향하에 있던 중세 유럽에서 여성들을 구해주던 제도였다(물론 여전히 몇몇 나라에서 유지되고 있지만 과거의 비밀출산제와는 전혀 다르게 운영되고 있고, 이마저도 비판받고 있다).

우리 사회에서 미혼모라는 오명(?)이 여성의 삶에서 얼마나 강력한 영향을 주고 있는지 고려하면 당장은 '비밀출산제'가 필요한 것이 아니냐고 할 수도 있겠다. 그런데 헌법재판소가 강화하라고 한 사회보장제도가 겨우 '비밀출산'제도를 도입하라는 것이었는가. 그것이 가정 먼저 나올 대안인가. 왜 미혼모는 몰래 비밀출산을 해야 하는가. 태어난 아이들의 친생부모를 알 권리는 쉽게 무시될 수 있는 것인가. 중세 유럽에서 탄압받던 미혼모를 구하던 제도를 왜 오늘날 우리나라에서 부활시켜야 하는가. 찬반 논란이 많은 '비밀출산제' 도입을 논하기 전에 미혼모에 대한 적극적이고 긍정적인 지원제도의 도입을 더 먼저 생각해야 하는 것 아닌가. 가장 나중에 고민되어야 할 제도가 왜 가장 먼저 오르내리는가.

얼마 전, 우연히 그녀의 소식을 듣게 되었다. 그녀는 한때 아이의 양부모와 한동네에 살았을 정도로 가까운 사이가 되었고, 아이를 키우며 소박하지만 행복하게 살고 있다고 한다. 변호사로서 나는 무력했지만, 그녀의 해피 엔딩은 너무나 고맙고 반가웠다. 여전한 개정 입양법 논란을 지켜보며 그녀는 무슨 생각을 하고 있을까. 내쉬는 모든 숨이 탄식이었던, 흘린 모든 눈물이 피눈물이었던 그녀라면 가장 현명한, 모두가 설득될 만한 이야기를 해줄 수 있을까.

국가와 자본이
자궁에 침투할 때

법 밖에 방치된 대리모와 난자 채취 문제

조지 밀러 감독의 영화 〈매드맥스: 분노의 도로〉(2015)
는 폭력과 착취가 지배하는 황폐화된 세상을 그리고 있
다. 풍요로운 땅 시타델은 임모탄(Immortan, 힌두어로
'불멸')이라는 착취자가 독점하고 있고, 그곳에서 여성
은 노예이거나 임모탄에게 아이를 낳아줄, 혹은 그 아
이들에게 젖을 공급하는 도구일 뿐이다. 일군의 여성
이 하루 종일 거대한 유축기로 젖을 짜는 매우 충격적
인 장면도 그려진다. 여주인공 퓨리오사(Furiosa, 스페
인어로 '분노')는 시타델에서는 드물게 임모탄 군대의

사령관을 맡은 여성으로, 자신의 지위에 안주하지 않고 임모탄에게 저항하며 생명의 땅으로 탈출한다. 퓨리오사와 함께 탈출을 감행한 이들은 임모탄에게 건강한 아이를 낳아주기 위해 동원된 젊은 여성들이다. 이들은 건강한 아이를 낳기만 하면 보장되는 안락한 노예의 삶을 거부하고, 인간답게 살아가는 길을 택한 능동적인 여성들이다. 영화는 퓨리오사와 이들이 온갖 역경을 극복하고 결국 시타델을 차지한 후 사람들과 물을 나누는 모습으로 끝이 난다.

영화를 본 뒤 한참 동안, 여성들이 '출산의 도구'로만 존재하는 영화 속 모습이 뇌리에서 떠나지 않았다. 여성이 출산의 도구로 이용되어온 역사가 어디 어제오늘의 일인가. 그 극단의 형태가 과거에는 '씨받이'라는 이름으로 불렸고 현대에는 '대리모'라는 이름으로 여전히 존재한다. 물론 대리모를 조선시대 씨받이와 비교하는 것은 지나친 비하라고 할 수도 있다. 그러나 강제적인 성관계가 전제되지 않는다는 점과 몇 가지 과학적 기술을 통해 이루어진다는 차이 외에는 현대의 대리모가 조선시대의 씨받이 여성보다 더 나은 대접을 받고 있다고는 차마 말할 수 없다.

172

오늘날의 대리모 산업은 "부자 나라 불임 부부에겐 꿈에도 소원인 예쁜 아기를, 가난한 나라 빈곤층 여성에겐 온 가족을 먹여 살릴 일확천금을"이라는 슬로건하에 '여성이 여성을 돕는다'고 미화하면서, 결국 가난에 내몰린 여성을 착취하고 도구화하고 있다. 미국, 캐나다 등 부유한 나라에서 아이를 원하는 커플들이 인도, 네팔, 태국, 캄보디아, 필리핀 등 가난한 나라 여성들의 자궁을 이용하고, 이를 중개하는 블루드Blued 등의 기업은 이 과정을 관리하며 막대한 이익을 챙기고 있다. 이들은 대리모 계약을 체결하면서 엄격한 조건(술·담배는 물론 성관계를 비롯하여 많은 금지 목록이 부여되고 위반 시 엄청난 위약금을 물게 된다)을 거는데, 기형아를 임신하는 경우 낙태한다는 항목이 있으며, 낙태하지 않고 출산하는 경우 의뢰인은 양육비 등에 대해 아무런 책임이 없다는 내용을 담기도 한다.

　　실제로 2012년 미국 사회에서 '대리모의 출산 결정권'을 둘러싼 논쟁 속 당사자였던 아기 '세라피나'는 대리모의 배 속에 있을 당시 여러 선천적 질병을 갖고 있다는 것이 확인되었고, 대리 출산을 의뢰한 부부는 낙태를 요구하였다. 그러나 대리모가 이를 거부하고 자신이 친모가 될 수 있는 주로 이동하여 세라피나를 출산했고, 세라피나는 출생 후 입양되었다. 양부모에 따르면 세라피나는 8년이라는 짧지만 사랑이 충만한 삶을 살았다고 한다.

필리핀 등 가톨릭 국가의 여성이 대리모인 경우 종교적 이유로 낙태를 거부하는데, 쌍둥이 중 하나가 장애아로 태아나자 의뢰인 부부가 비장애인 아이만 데려가는 사례도 있었다. 대리모 계약에서 여성의 임신과 출산은 철저히 돈의 지배하에 놓이고, 인격을 가진 여성은 사라지며, 생명은 선별된다. 이것이 바로 현재 성행하고 있는 대리모 계약의 민낯이다.

우리나라에서 대리모 계약은 '공서양속에 반하여 무효'인 계약으로 취급되지만, 난자 매매가 생명윤리법 위반으로 형사처벌되는 것과 달리 대리모 관련자들은 처벌되지는 않는다.

2006년 한 대리모가 '애를 낳아주면 2억 5,000만 원을 주겠다'는 약속을 이행하라는 소송을 법원에 제기하였으나, 법원은 대리모 계약이 무효이기 때문에 계약의 이행으로 아이를 출산하였다 하더라도 돈을 받을 수 없다고 판단하였다. 또한 아이의 친권자가 누구인지에 대하여 "모자관계는 임신기간, 출산의 고통과 수유 등 오랜 시간을 거쳐 정서적 부분이 형성된다. 이 정서적 유대관계는 법률상 보호받아야 한다" "유전적 공통성 또는 수정체의 제공자를 부모로 볼 경우 여성이 출산에만 봉사하게 되거나 형성된 모성을 억제하는 결과를 초래하여 이는 우리 사회의 가치와 정서에도 맞지 않는다"고 판시하여 대리모가 친권자임을 선언하고, "대리모를 의뢰한 사람은 친양자 입양 등을 통해서만 법적 모부자母父子 관계를 형성할 수 있다"(서울가정법원 2018브15 결정)고 판시하였다. 이런 법원의 판례는 일응一應 친자관계가 유전적 관계로만 확정되는 것이 아니라고 보고 임신과 출산의 과정을 겪은 여성의 모성을 보호하고자 한다는 점에서 의미 있는 판결이었다고 할 수 있다.

그러나 법 밖의 현실에서 대리모 계약에 대해서는 법적 제재가 없어 대리모 알선 브로커들에 의해 의뢰인은 물론 대리모의 피해가 속속 보고되고 있다. 법적으로 무효로 취급하고 있으나, 제재가 없는 관계로 법의 사각지대에서 가난으로 인해 출산의 도구가 된 여성들이 피해에 노출되어 신음하고 있는 것이다.

도구화되는 것이 여성의 자궁만일까. 여성의 난자는
또 어떤가. 사적으로는 집안의 불임 문제를 해결하기
위해, 공적으로는 생명 연구의 시작이자 중요한 재료
라는 이유로 정확한 정보도 제공받지 못한 상태에서 윤
리적 명분을 앞세운 기증을 직간접으로 강요당하는 경
우가 많다.

2000년대 초, 당시 서울대학교 수의학과 황우석
교수 팀은 체세포 복제 배아줄기세포 연구를 위해 난
자를 기증받았다. 황 교수 팀은 2004년 3월경《사이언
스》지에 세계 최초로 체세포 복제 배아줄기세포를 확
립하였다는 논문을 발표하고, 2005년 6월경 같은 학술
지에 이후 연구를 통하여 "난자 185개를 사용하여 11
개의 줄기세포를 확립해 그 성공률을 높였으며, 줄기
세포 확립과정에서 동물영양세포를 배제하고 인간영
양세포만을 사용하여 동물바이러스의 감염 위험성을
현저히 감소시킴으로써 실제 치료에 적용할 때에 발생
할 수 있는 문제를 상당히 해결하였다"고 밝혔다. 면역
부작용 없이 난치병을 완치 또는 개선할 수 있다는 내

용의 획기적인 연구로, 황우석 교수는 일약 영웅으로 떠올랐다. 정부는 황우석 교수의 연구에 전폭적 지지를 표했고, 국민들은 자랑스러운 국민 영웅 황우석을 떠받들기에 여념이 없었다. 그러던 중 MBC 〈PD수첩〉에서 난자 매매 의혹을 제기하면서 결국 논문의 진위 여부까지 드러나게 되었다. 논문의 관련 데이터 대부분이 조작되었고 연구 성과는 허위라는 것이 밝혀진 것이다. 희대의 대국민 사기극이 그렇게 막을 내렸다.

황 교수 팀에 대한 국가생명윤리심의위원회의 조사 결과에 따르면 황 교수는 의료기관 네 곳에서 119명의 여성으로부터 139회에 걸쳐 총 2,221개의 난자를 제공받았다. 이 중 60여 명의 여성에게 금전이 지급되었으며, 여성 연구원들도 난자를 기증했다.

'난자 매매'도 문제였지만, 그보다 큰 문제는 난자를 제공한 여성들의 인권 및 그들의 동의가 얼마나 충분한 정보 제공하에 자발적으로 이루어졌는가였다. 황 교수 팀은 형식적으로 최소한 갖추어야 하는 서면 동의서 절차도 제대로 거치지 않았던 것으로 밝혀졌다. 더욱 문제적이었던 것은 여성 연구원 두 명의 난자 제공이었다. 황 교수 팀은 '자발성'을 언급하며 윤리적인 문제는 없다고 주장했지만, 아주 예외적인 사정이 없는 한 자발적이기 어려운 관계, 즉 하위직 연구원, 피고용 관계에서의 난자 제공을 금하고 있는 '헬싱키선언(1964년 제정된 의사 윤리와 임상시험에 관한 기본준칙)'을 위반한 매우 비윤리적인 난자 제공 행위였다. 조사 결과 황 교수 팀은 2003년 연구실의 여성 연구원 전체에게 일괄적으로 '난자가 필요할 때 난자를 기증할 의향이 있다'는 내용의 '난자 기증 동의 관련 양식서'를 배포하고 서명하게 했는데, 서명하는 자리에 황우석 교수가 직접 동석했다는 증언까지 나왔다. 난자 정도는 언제라도 내놓을 수 있어야 자리를 보존할 수 있는 것이 여성 연구원들의 처지였던가.

당시 여성단체들과 내가 속해 있던 민변 여성인권위원회(이하 여성위)는 황 교수 팀에 난자 제공 피해사례를 수집하여 그들의 피해를 배상받기 위한 법적 절차를 진행하고자 했다. 난자 제공은 여성들이 드러내기에 매우 민감한 프라이버시와 관련된 사안으로, 알려진 피해에 비해 법적 절차를 진행하겠다고 나서는 이들이 많지 않았다. 최종적으로 여성위의 동료 변호사들이 원고 여성 두 명을 대리하여 대한민국, 관련 의료기관 등을 상대로 소송을 제기하였다. 원고 측은 대한민국 등이 황 교수를 잘못 감독하여 난자 채취의 후유증 및 합병증 등에 대해 원고들이 충분한 정보를 제공받지 못한 채 난자를 제공했으며 자기결정권 침해 등 정신적, 신체적 손해를 입었다고 주장했다. 또 원고들은 황 교수의 연구 성과를 믿고 가족의 난치병 치료를 위하여 혹은 오직 윤리적인 동기로 난자를 제공하였는데, 황 교수의 연구 결과가 허위였다는 것이 드러나면서 본인들이 기만당했음을 주장했다.

난자를 채취하는 과정은 여성의 몸에 많은 부담을 초래한다. 보통이라면 한 달에 난자 한 개를 배출하나, 난자 채취 시에는 양질의 난자를 다량으로 얻기 위해 배란을 촉진하는 호르몬제를 투여하여 여러 개의 난자를 배란시킨 후 복강경을 질 내로 삽입하여 이를 채취하게 된다. 이 과정에서 호르몬제 투여로 인한 난소과자극 증후군으로 오심, 구토, 설사, 복통, 체중 증가 등 후유증을 겪게 되고 복강경 시술의 부작용으로 출혈, 감염의 위험이 생기기도 한다. 경증의 경우 안정과 휴식을 취하면 자연적으로 회복되나 심한 경우는 신부전, 간 기능 장애, 뇌졸중 등 심각한 합병증이 유발되기도 하며, 사망한 예도 보고되고 있다.

'황우석 광풍'이 지나가고 모두의 관심이 희미해진 법정에서 변호사와 원고 들은 끈질기게 싸웠다. 난자의 채취 및 이를 이용한 시험이 비록 인체 자체를 이용한 시험은 아닐지라도 이와 준하여 어떠한 사회적·과학적 이익보다도 난자 제공자의 권리·안전·복지가 우선이어야 하며, 난자 자체가 인간이 아니라고 하더라도 인간으로부터 유래된 것이고 인간으로 발전할 가능성이 있는 배아의 한 부분체로서 인간의 존엄성을 해하는 경우가 있어서는 안 된다는 점을 주장했다. 원고들은 황 교수의 허위 연구 결과를 신뢰하여 난자 제공을 결심했다. 난치병에 걸린 가족, 또 가족이 아니라도 난치 질환을 앓고 있는 사람들이 원고들의 난자 제공으로 삶의 희망을 품게 되기를 바랐다. 그러나 희망은 무너지고, 후유증은 독했다.

원고들은 1, 2심 소송 모두에서 패소했다. 법원은 황우석 교수가 허위 논문을 언론에 공개하였을 뿐 원고들에게 직접적으로 논문 내용을 제공하고 설명한 것이 아니어서 원고들이 황 교수의 발표를 믿고 착오에 빠져서 난자를 기증했다고 하더라도 손해를 인정할 수 없고, 관련 후유증·합병증 등에 대해 충분히 설명을 들었다고 판단하였다. 판결 선고 시 판사는 "황 교수가 연구 성과를 과장하고 난자 채취 절차를 설명하는 데 미흡한 면이 있었지만 법률적으로 손해배상을 인정할 정도까지는 아니다"라고 하면서도 "이번 소송은 황 교수에게 열광하며 여성 인권을 도외시한 과거 잘못을 되짚는 데 의미 있는 일이며, 황 교수는 국민과 난자 기증자, 난치병 환자들에게 준 충격에 대해 법을 떠나 도의적 책임을 면할 수 없다"고 설명했다.

법리적으로만 보면 법원의 판단이 틀렸다고 보기 어려울 수도 있다. 그런데 황 교수가 직접 원고들에게 자신의 연구 성과를 설명하고 난자 기증을 요청하지 않았다고 해서, 황 교수나 그를 감독할 책임이 있었던 국가나 의료기관은 과연 아무런 잘못이 없는 것인가. 난자를 이용한 황 교수의 연구 결과가 난치병을 완치할 수 있는 엄청난 성과라며 국가가 나서서 그의 국위 선양을 찬양하고 엄청난 돈을 지원하고 약속을 했는데, 이런 국가를 신뢰한 여성들의 피해는 구제받을 수 없는 것인가. 도의적 책임이 있는데, 왜 법적 손해배상책임을 물을 수 없단 말인가. 황우석 사태 이후 법과 제도의

정비가 조금은 이루어진 듯하나, 십수 년이 지난 지금도 사실상 자발적이지 않은 상태에서 난자를 제공하고 후유증에 시달리는 여성들, 음성적으로 난자 매매에 동원되고 있는 여성들의 이야기는 계속 들려오고 있다.

도대체 여성의 몸은 왜 또 이리 쓰임이 많단 말인가. 왜 하필 여성만이 난자를 배출하고 자궁이 있단 말인가. 여성의 몸, 여성의 자궁, 여성의 출산 능력은 경외의 대상이면서도 왜 이리 하찮게 취급되는가. 난자 채취든 대리모든, 임신·출산 등 여성의 재생산 능력과 권리 보장을 중심으로 한 정확한 연구와 정보 제공은 왜 이렇게 부족한가. 어떤 미혼 여성은 심한 생리통을 해결하는 방법으로 '출산'을 처방받고 대리모 지원을 한 경우도 있었다. 21세기를 사는 대한민국의 여성이 월경이나 출산과 관련하여 취득한 정보라는 것이 겨우 이런 것이었다.

집안의 '대 잇기'나 국가의 인구 증가를 목적으로 하지 않는, 사회적·과학적 이익을 목적으로 하지 않는, 여성의 성과 건강을 중심으로 하는 제대로 된 연구와 정보 제공 없이는, 여성이 진정한 자기결정권을 행사하는 임신과 출산이란 있기 어렵다. 대를 잇고 인구를 유지·증가시켜야 한다는 명분에 집안의, 나라의 자궁 있는 여성들이 동원되고, 번식 욕망과 질병 치료 등의 선한(?) 명분에 자본의 이윤 추구 목적까지 결합하여 여성들이 원치 않는 출산을 하거나 난자를 배출하고 있다. 언제까지 이를 지켜만 보고 있을 것인가.

어쩌면 지금이 이 상황을 바로잡을 기회인지도 모른다. 2019년 헌법재판소는 낙태죄에 대한 헌법 불합치 결정을 선고하면서 2020년까지 새로운 입법을 하라고 주문하였다. 국회는 새로운 입법을 함에 있어, 태아의 생명권을 보호한다는 미명하에 여성을 처벌하여 어떻게든 재생산 능력을 통제하려 했던 과거의 과오를 반복해서는 안 된다. 2020년 8월 21일 법무부 양성평등정책위원회의 권고는 매우 주목할 만하다. 이 위원회는 "낙태죄 폐지 이후 낙태에 대한 완전 비범죄화와 평등·건강·안전·행복하게 여성이 임신·임신중단·출산할 수 있는 권리보장과 실질적인 생명보호로 법·정책 패러다임을 전환할 것"을 권고하였다.

정부와 국회는 위 권고를 깊이 새겨들어야 한다. 많은 여성이 주장하고 요구하고 있듯이, 이번에는 여성의 성과 재생산 권리가 제대로 보장되고 행사될 수 있는 '권리보장법'이 마련되어야 한다. 성과 재생산에 관한 권리보장법은 여성의 임신·출산 능력에 대한 제대로 된 경외의 첫 출발점이 될 것이다. 이번에도 실패한다면, 우리는 '인구 절벽'이 아니라 '인구 절멸'을 맞이해야 할지도 모른다.

용서받은 자들 뒤에
용서한 적 없는 이들

4부

2000년
도쿄 여성국제전범법정을
기억하다

일본군 위안부 강제 동원 문제

2020년은 도쿄 여성국제전범법정이 열린 지 20년이 되는 해였다. 2000년 12월 일본 도쿄에서 일본군의 전시 성노예제를 재판하는 여성국제전범법정이 열렸다. 당시 나는 사법연수원 수료를 앞두고 있었는데, 선배 변호사로부터 위 전범법정에 대한 이야기를 듣고는 무작정 비행기 티켓을 끊어 도쿄로 향했다. 나의 도쿄행은 '일본군 위안부' 문제에 대한 전문적 식견이나 열띤 분노, 열정에서 비롯했다기보다 한국 여성의 DNA에 새겨져 있는 자연스러운 반응 같은 것이어서, 마음속으로는 일정의 절반만 참관하고, 나머지 절반은 아사쿠사, 하라주쿠, 시부야에서 놀고 인근의 후지산 설경 관광을 하는 등으로 일정을 채울 요량으로 가득했다. 이런 안이한 마음으로 전범법정에 참관했으니, 첫날 법정 건너편에 모여 있던 일본 우익과, 전범법정을 반대하는 그들의 구호에서 뿜어져 나오는 살기에 얼마나 심상이 쪼그라들었겠는가.

전범법정은 일본의 여성운동가 마쓰이 야요리 씨의 제안으로 한국정신대문제대책협의회(약칭 '정대협', 현 정의기억연대의 전신) 등 아시아 태평양 지역 민간단체와 법률 전문가들이 중심이 되어 개최했다. 1991년, 지금은 고인이 되신 김학순 할머니께서 '일본군 위안부' 피해를 처음으로 공개고발한 지 10년 만에 이루어진 것이었다. 태평양전쟁 직후 열린 도쿄전범재판에서 일본 천황 히로히토가 기소조차 되지 않은 데 착안하여 일본국과 천황의 처벌 및 배상책임을 묻고자 같은 도쿄에서 민간인들이 마련한 법정이었다. 법정이 열리던 장소는 '구단회관'이라는 곳이었는데, 육안으로 보이는 곳에 그 유명한 야스쿠니 신사가 있었다. 야스쿠니 신사는 일본 우익에게는 성지 같은 곳이다. 이러한 점을 고려하여 야스쿠니 신사 부근에서 상징적으로 전범법정을 개최한 것이었고, 성지를 침입당했다고 느낀 일본의 우익들이 대거 구단회관 앞으로 몰려온 것이 아닌가 싶었다.

법정 참관을 빙자한 도쿄 여행 계획은 완전히 실패했다. 법정이 열리는 5일 내내 법정을 떠날 수가 없었고, 닷새가 지난 후에도 어떤 결의로 가득 찬 마음 때문에 도쿄 시부야 거리에서 흥청망청 놀 수가 없게 되었던 것이다.

전범법정에는 북한, 중국, 대만, 필리핀, 인도네시아, 말레이시아, 네덜란드, 동티모르 등에서 예순네 명의 피해자가 증언을 하기 위해 참석했다. 이제는 돌아가신 김복동 할머니, 하상숙 할머니, 그리고 네덜란드의 얀 루프-오헨 할머니, 무엇보다 북한에서 오신 박영심 할머니가 강렬하게 기억에 남았다. 일본군 위안부 피해 자료 중 전쟁으로 폐허가 된 곳에서 구출된 '만삭의 위안부'로 꽤 유명한, 사진 속의 실존 인물이셨던 것이다. 커다란 화면에 사진이 뜨고 박영심 할머니께서 증언을 위해 재판정에 섰던 그 순간을 오랫동안 잊지 못했다. 박영심 할머니는 17세에 일본군 위안부로 끌려가 중국, 미얀마, 싱가포르 등을 끌려 다니다 연합군에 구출되었다. 일본군에게 칼로 찔린 배의 상처를 보여주기도 하셨는데 그 어린 몸에 베였던 50센티미터 이상의 칼자국이 주름 가득한 몸에도 그대로 남아 있었다. 그분의 건강한 생존이 기적과도 같았고, 또 그 처절한 생애를 생각하니 탄식이 절로 나왔다. 최근 KBS가 미국 국립문서기록관리청NARA에서 1944년 미중 연합군에 의해 구출되는 위안부 피해자들의 모습이 담긴 영상을 발굴 보도했는데, 중국 윈난성 송산에서 촬영된 이 영상에서 놀랍게도 배가 부른 박영심 할머니께서 만세를 부르는 모습이 확인되었다. 돌아가신 지 수년인데 이런 모습으로 다시 발견되신 것이, 지금 위안부 운동에 닥친 시련을 생각하니 마치 무슨 계시인 것처럼 느껴졌다.

피해자들이 차마 입에 담기 어려운, 그러나 잊고 싶어도 절대 잊히지 않는 그 잔혹한 피해 상황을 증언할 때 1,000여 명의 참관인들과 100여 명의 기자들은 물론 법정의 검사, 판사들까지 모두 눈물을 흘리지 않을 수 없었다. 피해자들은 엄마에게도 털어놓지 못했다는 이야기, 눈을 뜨나 감으나 떠오른다는 그날의 생생한 기억들을 꺼내놓았다. 나는 대부분 알던 사실이었음에도 육성으로 듣는 증언의 강력한 힘에 사로잡혀 몸이 휘청거릴 지경이었다. 강제로 혹은 속아서 끌려간 피해자들은 군의 감시하에 앉지도 서지도 못하는 상황에서도 성폭행당해야 했다는 참혹한 증언을 하면서 일본에 책임을 물어달라고, 사과를 받고 싶다고, 배상을 받고 싶다고 했다. 일본군에 의한 강제적 위안부 동원이었다는 것이 피해자들이 입을 모아 말하는 진실이었으며, 이는 곳곳에서 발견되는 문서들에 의해 확인되는 사실이었다.

법정은 일본 천황 히로히토가 유죄이며 일본 정부에 국가적 책임이 있다고 1차 판결을 했고, 1년 뒤인 2001년 12월 네덜란드 헤이그에서 최종 판결을 하면서 일본이 2차 대전 중에 아시아 각지에서 저지른 일본군의 조직적인 강간, 성노예제, 인신매매, 고문 등 유죄 인정의 증거와 사유에 대해 구체적인 내용을 기록했다.

나는 이 어마어마한 역사적 현장을 목격하는 행운을 누린 뿌듯함을 가득 안고, 이 정도면 일본은 곧 피해자들에게 사과하고 배상할 수밖에 없을 것이라는 순진한 생각을 하면서 한국행 비행기에 올랐다. 당시에는 미처 몰랐다. 그때 뵈었던 증언자 할머니들이 돌아가신 뒤에도, 20년이 흐른 뒤에도 여전히 "진상을 밝히라" "사죄하라" "배상하라" 외치며 싸우고 있을 줄은.

한국으로 돌아온 나는 일본군 위안부 피해자 할머니들이 눈부신 증언 활동을 하시는 것을 비롯해 여성인권 활동가, 평화운동가로 거듭나시는 모습을 지켜보며 부끄럽게도 자주 함께하지 못했다. 그저 기부나 가끔 하면서 부끄러움을 피하고 위안을 삼는 정도였다.

그러던 내게 다시 계기가 찾아왔다. 2014년 '기지촌 위안부' 피해자들을 대리하여 대한민국을 상대로 국가배상 소송을 하게 되면서, 다시 일본군 위안부 피해자 할머니들을 뵙게 되었다. '기지촌 위안부' 피해자들이 '위안부'라는 용어를 쓰는 게 '일본군 위안부' 피해자들을 욕되게 하는 것이라며 손가락질을 당할 때 지지하고 연대해준 분들이 바로 일본군 위안부 피해자 할머니들이었다. 얼마나 큰 힘이 되었는지 모른다. 군 위안부 문제가 국가의 군사주의와 전쟁에 동원된 여성 인권 문제라는 것을 할머니들께서 가장 잘 이해하신 것이다. 김복동 할머니의 기부로 시작된 '나비평화상' 첫 수상자(2016년)가 바로 기지촌 위안부 피해자들의 인권 회복을 위해 애쓰던 두레방, 새움터, 햇살사회복지회였다. 기지촌 위안부 피해자들의 소송은 현재 1, 2심에서 일부 승소하여 대법원 판결을 기다리고 있다.

처음 기지촌 소송을 시작할 당시에는 과연 이 소송에서 국가의 책임을 물을 수 있을까 확신하지 못했다. 소송을 제기하신 피해자들도 '양공주' '양색시'로 살았던 과거가 부끄러워 소송을 제기하고서도 모자를 눌러 쓰고 선글라스를 써서 자신을 감추고서야 법정에 오셨다. 그러나 나중에는 국가에 책임을 묻겠다며 법정에서 공개적인 증언을 하고, 이용만 하고 버린 국가에 책임을 지라고 당당히 요구하셨다. 법원도 응답하여 "국가가 적극적으로 위법한 성매매를 정당화하고 조장했으며 인간적 존엄성을 군사동맹의 공고 및 국가안보 강화, 그리고 기지촌 내 성매매 활성화를 통한 외화벌이 수단으로 삼았다"면서 국가가 기지촌 위안부들의 정신적 피해에 대해 배상하라고 판결했다. 기지촌 위안부 문제에 함께한 일본군 위안부 피해자 할머니들의 투쟁과 연대가 있었기에 가능한 일이었다.

기지촌 소송이 진행 중이던 2015년 12월 28일, 한국과 일본의 외교부 장관은 소위 일본군 위안부 문제의

'최종적이고 불가역적인 해결'에 합의했다면서 일본에서 10억 엔을 거출하여 재단을 설립해 피해자들을 지원하고 한국 내 일본대사관 앞에 설치된 소녀상을 철거하기로 했다는 합의를 발표했다. 피해자들은 일본국의 책임 있는 사과와 배상을 요구해왔던 피해자들의 의사를 무시한 위 합의에 분노했고, 청년들은 소녀상을 지키겠다며 그 추운 겨울 소녀상 주변에서 노숙하며 싸웠다.

나는 변호사들과 함께 김복동, 이용수, 길원옥, 곽예남, 강일출 할머니 등을 대리하여 위 합의가 헌법에 위반됨을 주장하는 위헌 소송, 대한민국과 일본을 상대로 한 손해배상 소송에 참여하게 되었다. 문재인 대통령이 취임한 이후 사실상 위 합의는 무효가 되었고, 대한민국은 손해배상 소송에서 "국제 사회의 보편적 원칙에 위배되고 피해자 중심주의 원칙에 반하는 위 합의로 원고들이 정신적 고통을 겪었다는 것을 겸허히 인정하고 피해자들의 존엄과 명예를 회복하기 위해 대내외적 노력을 계속한다"는 법원 조정결정을 받아들여 4년간의 소송을 마무리지었다.

오직 남아 있는 것은 일본국을 상대로 한 소송이다. 일본국을 상대로 우리보다 먼저 소송을 제기한 사건이

하나 더 있다. 일제강점기에 마찬가지로 강제로 끌려갔던, 당시 노동자들의 강제징용 배상 판결이다. 그런데 정말 어처구니없게도 그 사건 진행 도중 소위 사법농단(양승태 대법원장 아래에서 법원행정처가 재판들에 관여한 사건)이 벌어져, 해당 소송에도 법원행정처가 개입해 소송을 무력화하려고 계획한 것이 드러났다.

당시 법원행정처는 위 소송에 대해 대외비 문건을 만들었다. "국가 면제이론으로 각하하는 게 마땅하다"거나 "각하가 안 되는 경우 1968년 한일 청구권 협정으로 피해자 개개인이 손해배상을 낼 수 있는 권한이 없어졌고, 민사상 손해배상의 소멸시효도 지났다는 근거로 기각할 수 있다"며 '기각'과 '각하'에 대한 논리를 만들고, "한국의 대외적 신인도, 외교적 마찰 등을 고려하여 외교적 경로를 통한 소취하 시도가 필요하다"는 내용이 기재된 것이었다.* 피해자들의 권리를 구제하기 위해 앞장서도 모자랄 법원이 소송을 무력화할 수 있는 논리까지 만들어 사건에 관여하려고 했던 것이다. 대

＊ 〈양승태 대법, 위안부 피해자 '손배 소송' 무력화 시도〉, 《한겨레신문》, 2018년 7월 30일

법원장이 원하는 바를 이루기 위해 박근혜 정권의 외교적 부담을 덜어주려고 그런 것이라는 둥 여러 이야기가 난무하다. 높은 분들의 나라 걱정은 사뭇 일반 백성과는 딴 세상의 일임을 새삼 절감한 일이었다.

'위안부 소송'의 원고들이 보낸 소장을 일본국이 1년 넘게 송달받지 않아, 재판은 오랫동안 진행되지 못했다. 결국 법원의 결정에 따라 공시송달(법원 게시판에 게시하는 방법)을 하고 재판을 진행하게 되었는데, 공시송달의 효력이 발생하자마자 일본국은 대한민국 외교부에 국가면제(어느 국가의 영토 안에서 동등한 주권 국가의 재산 등에 대해 사법관할권 및 집행권을 면제해주는 것)에 해당하는 사안이므로 부적절한 소송이라며 해결을 요구했다. 이처럼 일본국은 재판이 진행되고 있는 것을 알면서도 이를 회피하며 대한민국 정부를 압박한 것이다.

일본국 없이 진행하는 소송의 첫 변론기일, 이용수, 길원옥, 이옥선 피해자 할머니들께서 재판에 출석하셨다. 다들 연세가 많으셔서 휠체어를 타고 힘들게 법정에 출석하셨는데, 90세가 넘은 이용수 할머니께서 갑자기 휠체어에서 일어나 판사 앞에 무릎을 꿇고 두

손 모아 제발 억울함을 풀어달라고 호소하시는 바람에 모두 깜짝 놀라 할머니를 부축했다. 대체 왜 아직도 피해자가 법정에 나와야 하고, 무릎을 꿇어야 한단 말인가. 일본국이 출석하지 않는 법정에서 피해자 할머니들과 그 대리인 변호사들은 여전히 외롭게, 그러나 치열하게 싸우고 있다. 피해자들에 대한 일본군의 강제동원과 성착취 책임을 묻고, 인도적 범죄에서는 국가면제가 적용되지 않는다는 것을 국제인권법 법리, 국제 재판 사례 등을 들어 주장하고 있다.

2015년 말에 시작한 소송이 4년 넘게 지속되면서 원고들 명단이 하나둘 지워지고 있다. 김복동 할머니를 비롯해 여러 분이 돌아가셨고, 또 돌아가시려 한다. 변론 기일마다 판사는 돌아가신 분들을 원고들 명단에서 정리해달라고 재촉하는데, 대리인들은 상속인 확인에 어려운 문제가 있다며 정리를 계속 미루고 있다. 상속인 확인이 어려운 사정도 사실이지만, 실은 원고 명단에서 할머니들 이름을 하나둘 지우는 것이 가슴에 무거운 돌덩이를 하나씩 쌓아가는 것처럼 무겁기 때문이다. 이름이라도 붙잡고 있고 싶기 때문이다.

얼마 전 이용수 할머니께서 일본군 위안부 운동의

문제점을 지적하는 기자회견을 하신 이후로 정대협 및 정의연에 대한 온갖 이야기가 나오고, 끝내는 일본군 위안부 운동 자체를 폄하하고 할머니들이 '앵벌이당했다'는 식의 이야기까지 나오는 것을 보며 내 자신이 욕을 당하는 것만 같은 심한 모욕을 느꼈다. 정대협이나 정의연의 내부 사정을 나는 잘 모른다. 다만 인권운동가로, 활동가로, 증언자로 살아오신 할머니들이 순식간에 그저 돈벌이로 농락당한 불쌍한 할머니인 것처럼 전락당하는 것은 참기 힘들다. 그분들이 그런 분들인가. 당당히 문제 제기를 하고 기자회견을 하신 이용수 할머니를 보라. 그분들은 호락호락하신 분들이 아니다. 그 모진 세월 거듭거듭 살아내신 강인한 분들이다. 적어도 내 눈에 비친 그분들은 그런 모습이었다.

이용수 할머니의 내심까지 내가 어찌 다 알 수 있겠는가. 다만 나는 "위안부는 더러운 이름이다" "위안부가 세계 여성에게 해를 끼친다면 미안하다" "위안부 누명을 벗고 싶다"며 이용수 할머니의 입에서 통제되지 못하고 저 깊은 단전 어딘가에 가시처럼 박혀 있다가 튀어나온 말들, 그 말들에서 스스로를 피해자보다 인권운동가로 불러달라고 하시면서도 피해자로서 겪은 고통에서 헤어 나오기가 얼마나 어려운 일인지를 뼈 아프게 느낀다. 할머니의 이런 말들은 진정 누구를 겨누고 있는가. 그동안의 위안부 운동인가, 사과도 배상도 하지 않는 일본국인가. 지금까지도 이 문제를 해결하지 못한 무능한 대한민국 위정자들인가.

할머니들을 보며, 제우스에게서 불을 훔쳐 인간에게 가져다준 죄로 바위에 쇠사슬로 묶여 독수리에게 매일 간을 쪼아 먹히는 프로메테우스를 떠올린다. 할머니들은 전시 여성 성폭력의 잔학상을 증언하고, 세계의 전시 성폭력 피해자와 연대하여 전쟁과 군사주의에 대한 경고를 하고 평화를 가르쳤다. 그것은 불이었다. 그 대가로 영원히 고통받고 있는지도 모른다.* 나는 이제라도 할머니들을 구하는 헤라클레스가 되고 싶다. 할머니들 스스로 외에 누가 할머니들을 구할 수 있겠는가. 그러나 그래도 이제라도 내가, 우리가 할머니들의 헤라클레스가 되어야 하지 않을까.

---

* 2021년 1월 8일 서울중앙지방법원(2016가합505092 판결)은 일본국의 반인권적 행위에 대해 주권면제의 예외를 인정하고, 피해자들에게 손해를 배상하라고 판결하였다.

생존자 '박 언니', 증언자가 되다

미군 기지촌 위안부 국가배상 소송

2019년 1월 28일은 김복동 할머니(생전에 할머니로 불리는 걸 좋아하셨다)께서 영면에 드신 날이다. 그는 만 14세이던 1940년 공장에 일하러 가야 한다는 말에 속아 위안부로 끌려갔고 1947년, 7년 만인 21세에 고국으로 돌아왔다. 1992년, 할머니는 일본군 위안부로 끌려가 겪은 잔학상을 증언했다. 누구에게도 하지 못했던 이야기, 45년 만의 고백이자 증언이었다.

일본군 위안부 피해자요 생존자였던 그는 증언자가 되었고, 우리나라는 물론 전 세계 전시 성폭력 피해 여성과 연대하여 싸우는 여성인권운동가로, 평화운동가로 평생을 살았다. 그러나 그는 끝내 일본 정부의 사과를 받지 못하고, 아니, 용서하지 못하고 떠났다.

유대인으로서 아우슈비츠에서 기적처럼 살아남은 시대의 증언자 프리모 레비를 떠올려본다. 레비는 누구도 살아남아 증언하지 못할 것이라는 독일군의 비웃음 속에서 살아남았고 자살로 생을 마칠 때까지 평생을 증언자로 살았다. 레비는 생환 뒤 22년 만에 우연히 아우슈비츠 실험실에서 만났던 독일인 뮐러 박사를 만나게 되었다. 레비는 그에게 옛일을 기억하는지 묻는 편지를 보냈으나, 그는 자신은 아무것도 몰랐고 거대한 역사 앞에서 어쩔 수 없는 개인일 뿐이었다는 답장을 보내왔다. 진실한 반성과 참회를 찾아볼 수 없는 내용이었다. 그 뒤 레비는 뮐러 박사에게 보내지 못한 편지 초고에 이렇게 적었다.

> 적을 용서할 준비가 되어 있으며 아마 그들을 사랑할 수 있을 것 같지만 그것은 그들이 후회의 표시를 보이는 경우에만, 그러니까 그들이 적으로 남아 있기를 포기한 경우에만 가능했

다. 반대의 경우 여전히 적으로 남아 있고 남에게 고통을 가하려는 고집스러운 의지를 고수하는 사람이라면 그를 용서해서는 안 되었다. 그 사람을 구원할 수 있고, 그와 대화를 나눌 수 있겠지만(나누어야만 한다) 우리에게 의미 있는 일은 그를 심판하는 것이지 용서하는 것이 아니다.*

진심으로 참회하는 적을 용서할 준비가 되어 있었던 김복동 할머니는 끝내 참회하는 적을 마주하지 못하고 눈을 감았다. 그러나 할머니는 적의 진정한 사과를 받지 못한 채 세상을 떠난 가엾은 피해자는 아니었다. '화해치유재단'이라는 억지 수단으로 참회와 반성이 아닌 용서와 화해를 강요하는 세상에 맞서, 단호히 저항하고 싸우는 심판자로서 용감하게 생을 마감했다.

* 프리모 레비, 이현경 옮김, 《주기율표》, 돌베개, 2007.

박 언니의 당당한 증언

나는 법정 증언 준비를 위해 박 언니('선생님' 말고 편하게 '언니'라고 불러달라고 하셨다)를 처음 만났다. 우리(기지촌 위안부 소송 대리인단)는 2014년 사상 처음으로 미군 기지촌 위안부 국가배상 소송을 제기한 상태였고, 박 언니는 소송 당사자인 원고였다. 국가배상 소송의 원고는 100명이 넘었는데, 어렵게 결심을 하고 소송을 제기했으나 여전히 대중 앞에 얼굴을 드러내는 것을 꺼려, 법정에 올 때나 기자회견장에서 마스크를 쓰고 모자를 눌러쓰는 분이 많았다. 일본군 위안부 생존자조차 피해 사실을 드러내지 못한 분이 대다수였으니(최대 40만 명까지 일본군 위안부로 끌려갔다는 연구가 있으나 남한에서 피해자 239명만이 일본군 위안부였다고 밝혔다), 피해자라기보다는 '양공주' '양색시' 등으로 불리며 멸시당하던 기지촌 위안부는 오죽하겠는가.

이러한 이유로, 우리가 국가배상 소송을 제기할 당시 '위안부'라는 용어를 사용하는 것이 문제가 되기도 했다. '미군 위안부'는 국가의 공식 문서와 조례 등의 법령에 등장하는 용어인데도 일각에서는 일본군 위안부 피해자들이 있는데 ('감히' 양공주가) 왜 같은 용어를 쓰느냐는 비난을 했다. 소송 중 국가 쪽 대리인도 비슷한 논리로 위안부라는 용어를 사용해서는 안 된다는 주장을 했다. 그런데 정작 김복동 할머니 등과 함께 일본군 위안부 문제를 제기한 한국정신대문제대책협의회는 기지촌여성인권연대에 소속되어 같이 활동했고, 국가배상 소송도 적극 지원했다. 일본군 위안부의 경우 일본제국이 식민지의 수많은 여성을 강제로 끌고 가 성매매를 강요했다는 점에서 기지촌 위안부와 다르다지만, '군인들의 성욕은 해소되어야 한다'는 암묵적인 합의하에 이루어지는 '군사화된 성매매'의 문제라는 점에서 일본군 위안부든 기지촌 위안부든 본질적으로 여성인권의 문제라는 점을 가장 잘 이해한 것이다.

박 언니는 이처럼 미군 위안부에 대해 '위안부'라는 용어를 사용하는 것조차 논란이 되는 상황에서 용감하게 법정 증언을, 그것도 공개된 법정에서 하겠다고 나선 분이다. 법정 증언 때 판사조차도 정말로 공개 증언을 하겠냐고 여러 번 물을 정도였다.

내가 박 언니를 만난 곳은 이제는 쇠락한 의정부 기지촌(이던 곳)이었고, 그는 여전히 그곳에 살고 있었다. 그는 1975년 열다섯 어린 나이에 시골에서 상경하여 일자리를 구하러 찾아간 직업소개소에서 기지촌으로 팔려 갔고, 미군이 빚을 갚아준 마흔 살까지 미군 위안부로 살았다. 그는 법정에서 왜 기지촌에서 나오지 못했냐는 질문에 반문했다.

"도망가면 잡아 오고, 잡아 오면 때리고 돈 없어서 다른 데로 팔고 그랬습니다. 그래서 자포자기가 되었어요. 그리고 나중에는…. 내가 열다섯 살 어린 나이부터 기지촌에서 쭉 살았습니다. 아는 것도 없고, 배운 것도 없고, 어디로 가야 할지도 모르겠고 몸은 망가지고, 그래서 그게 싫어서 자살 기도도 여러 번 했어요. 감시 안 한다고 나갈 수 있는 것이 아니에요. 제 삶이 망가졌는데 제가 어디로 갈 수 있어요?"

그는 15세 어린 나이였는데도 포주가 만들어준 가짜 신분증을 통해 성인으로 둔갑되었다. 확연히 어린 얼굴이었는데도 경찰도, 성병 검사를 하는 보건소도 그에게 나이를 묻지 않았다. 박 언니의 증언에 따르면 함께 일하던 미군 위안부 가운데 많은 이가 미성년자였고, 심지어는 교복을 입은 채로 팔려 온 경우도 있었다고 한다. 도와달라고 경찰서에 찾아가면 경찰이 다시 포주에게 데려다주는 경우도 많았고, 도망갔다 잡혀 오면 소개비를 빚으로 얹어서 다른 곳에 팔아버리는 일이 반복되니 자포자기하게 되었고, 결국에는 집으로 돌아갈 수도 없는 '양공주' 신세가 되고 말았다는 것이다. 경찰, 보건소 직원, 공무원 등이 위생청결 교육을 명목으로 그들을 모아놓고 외화 벌어주는 애국자라 칭하면서 미군 잘 대하는 법을 가르치기까지 했다.

박 언니의 증언 내용은 오래전 언론 기사나 공문서에서도 확인된다. 정부의 각종 공문서에 따르면 기지촌을 조성한 이유 중에는 "외화 획득과 국가예산 절약"이 있었다. 또한 위안부들에게 "외화 벌어주는 애국자"라고 치켜세우며 성병 검진의 중요성을 강조하고 '미군 앞에서 가랑이를 벌리지 말라'든가 '다리를 꼬고 무릎을 세워 이렇게 앉으라'는 등의 교육을 했다. 미군을 잘 접대할 수 있도록 영어 회화도 가르쳤다. 1971년 6월 14일 용산경찰서장이 발표한 내용을 보면 "위안부들이 과거에 미군의 불쾌감을 조장한 일을 반성"하고 시정할 것을 요구하면서 "이러한 일들이 우리의 적인 북한을 돕고 있으며 이로 인해 국가안보가 악화되니 당면 문제에 대해 적극적으로 협조하여달라"는 내용이 적시

되어 있다. 또한 고위 공무원들까지 나서서 기지촌 위안부들에게 전용 아파트 건립, 노후 보장 등의 각종 혜택을 약속하면서 미군 상대 성매매를 독려한 사실이 확인된다. 미군이 안심하고 성매매를 할 수 있도록 기지촌 위안부들에게 적극적으로 미군을 상대로 성매매하기를 요구하고 이를 통해 미군의 사기를 "진작 앙양"함으로써 군사동맹 유지를 꾀하는 한편, 외화 획득과 같은 경제적 목적으로 국가가 기지촌을 운영·관리해왔다는 것이 공적인 기록들을 통해 확인되는 것이다.

누굴 위한 성병 관리였나

박 언니가 가장 힘들어한 것은 지독한 성병 관리였다. 일방적인 성병 관리 자체도 부당했지만 더욱 억울한 건 '도대체 누굴 위한 것이냐'였다. '토벌'과 '콘택트'라는 이름으로 국가는 기지촌 위안부들의 성병 관리를 지독하게 했다. 그들의 건강을 위한 적법한 관리였다면 무슨 문제가 되겠는가. 보건증을 소지하지 않거나 보건증에 성병 검진 도장이 없으면, 또는 성병에 걸린 미군이 성행위 상대로 위안부를 지목(콘택트)하기만 하면 무조건 낙검자落檢者 수용소로 끌고 가서 감금하고 성병에 감염되었는지조차 확인하지 않고 페니실린 주사를 놓았다(토벌). 어느 미군이 '내가 너를 성행위 상대방이었다고 지목했다. 의무대에서 상대 여성이 누군지 생각이 나지 않아 아무나 지목했다'고 고백한 일도 있었다고 한다.

페니실린 주사는 그 자체로 매우 고통스러운 통증이 따르는 데다 부작용도 심하여 쇼크사하는 경우가 자주 있었다. 이 때문에 의사들조차 페니실린 주사를 놓는 것을 꺼렸는데, 이에 보건사회부는 법무부에 의사의 면책을 요청하는 공문을 보내기도 했다. 국가의 성병 관리는 미군이 안심하고 성매매를 할 수 있도록 깨끗한 몸을 준비시키려는 목적이었을 뿐, 결코 검진당하고 주사를 맞는 여성들의 건강을 위한 것이 아니었다. 박 언니는 증언을 마치고 마지막으로 하고 싶은 말이 있다고 했다.

"꼭 말하고 싶은 게 있습니다. 우리는 태어난 이 나라에서 버려졌습니다. 우리나라가 개입하여 만든 기지촌, 거기서 우리는 폭력과 갈취, 이용만 당했습니다.

(중략) 국가는 기지촌으로 들어가게 만든 직업소개소와 포주들을 다 묵인해주었습니다. 몸을 버렸으면 돈이라도 벌었어야지 돈 버는 사람은 하나도 없고 포주들만 상상 이상의 돈을 벌었고, 그런 구조를 만든 나라가 우리를 이용만 해 먹고 버린 것입니다."

"사람들은 우리가 그곳에 갔다고 합니다. 빚은 돈을 벌수록 더 올랐고 10대임에도 불구하고 아무도 도와주는 어른은 없었습니다. 억울합니다. 옛날에 박정희가 경제개발했다고 하지만 우리가 애국자 소리 들으면서 달러 엄청 벌어들인 거예요. 우리나라는 미성년자라고 집에 보내는 것도 없고 나라에서 다 버린 거잖아요. 그럼 책임을 져야죠, 달러 누가 다 벌었는데요. 아가씨들이 다 벌어들인 건데, 아파 죽어가도 의사 하나 안 보내고 오로지 성병 검진만 했습니다. 성병 검진을 미군을 위해서, 미군 요청에 의해서 해준 것이지 우리를 위해서 해준 것은 아니잖아요. 나라의 무관심에 우리의 몸은 병들고 돈도 못 벌고 이용만 당했습니다. 그러니까 나라가 책임을 져야죠. 이 말을 하고 싶었습니다."

이기기 어려울 것이라는 모두의 우려를 뒤로하고,

비록 일부 승소였지만 우리는 2심까지 승소했다. 법원은 "기지촌 위안부들이 경제적 곤궁에 못 이겨 스스로 기지촌에 들어와 성매매를 시작했거나, 무허가 직업소개소 등을 통해 속아서 기지촌에 유입되었다는 점에서 국가(일본)가 직접 여성들을 강제로 끌고 가 성매매를 강요한 일본군 위안부 피해자와는 다르다"고 하면서도 "국가가 적극적으로 위법한 성매매를 정당화·조장하고, 이를 뒷받침하기 위한 강제적인 성병 치료를 행함으로써 기지촌 위안부들의 성, 나아가 그들의 인간적 존엄성을 군사동맹의 공고 및 국가안보 강화, 그리고 기지촌 내 성매매 활성화를 통한 외화벌이 수단으로 삼았다"면서 기지촌으로의 유입 경로와 무관하게 국가는 기지촌 위안부들의 정신적 피해에 대해 배상하라고 판결했다.*

박 언니의 삶은 쉽게 상상하기 어려운 어떤 나락의 끝이었을 것이다. 우리 모두가 빚진 그의 삶은 그런 것

✱ 2014년에 제기된 기지촌 위안부 피해자들의 국가배상 소송은 2018년 2월 대법원 상고심이 시작되었는데, 몇 년째 대법원에 계류 중이다. 최근 원고 중 두 분이 끝내 대법원 선고결과를 보지 못하고 돌아가셨다.

이었을 것이다. 그러나 박 언니는 그 큰 대법정에서 주눅 들지 않고 어려운 이야기를 긴 시간 담담히 증언했고 이제는 국가가 책임지라고 당당히 요구했다. 기지촌 위안부 생존자에서 증언자로 거듭나는 순간이었다.

전쟁은 여자의 얼굴을 하지 않았다. 그러나 여성들은 전쟁이 있는 곳, 군대가 있는 곳에서 전쟁 승리와 군대 유지를 위해 동원되었고, 이용되었으며, 버려졌다. 30만 명으로 추산되는 기지촌 위안부 문제는 해결되지 못한 과거사의 문제이자 해결해야 할 현재진행형의 문제이다. 그들은 자기들을 이용하고 버린 국가를 용서하고 싶어 한다. 박 언니의 외침처럼 국가는 책임을 지라! 철저히 진상을 밝히고 다시는 되풀이되지 않게 하라! 그것이 국가가 용서받을 수 있는 유일한 방법이다.

대한민국은 여성을
징병할 준비가
되어 있는가

군대 내 성차별과 성폭력

탱크 조종수로 근무하던 A하사는 군 복무 중 여성으로
성전환수술을 했다. A하사는 수술 후에도 군에서 계속
근무하기를 희망했으나 트랜스젠더 여성의 군 복무 규
정이 없고 신체훼손으로 인해 심신장애 3급 판정을 받
았다는 이유로 강제전역 조치되어 논란이 일었다.

A하사는 근무하던 부대의 승인하에 여권을 발급
받아 합법적인 여행으로 외국에서 수술했고, 복무하
던 부대의 대원들도 A하사의 계속 복무에 긍정적이었
다고 한다. A하사는 '어린 시절부터 군인이 꿈이었다'

'성별 정체성을 떠나 국가에 헌신하는 군인이 되고 싶다'며 국군의 이 같은 강제전역 조치에 대해 소송을 제기했다. 여성단체 등 여러 시민사회단체에서도 남성의 신체만을 군에 복무할 수 있는 자격으로 설정하고 그에 부합하지 않는 존재들을 차별하는 시대착오적인 관행의 되풀이라면서 강제전역 조치를 철회할 것을 요구하고 있다.

국군이 이 같은 조치를 한 것은 어쩌면 당연한 일일지도 모른다. A하사에게 심신장애가 있고 트랜스젠더 복무 규정이 없어서가 아니라, 그의 복무를 감당할 능력이 안 되는 것이다. 트랜스젠더의 군 복무를 감당하려면 군대 내의 성평등 수준이 상당한 정도가 되어야 하는데, 60만 국군 중 1만 명의 여군이 군에서 어떠한 대접을 받고 있는지 살펴보면 그 답답한 수준을 알 수 있다. 1950년 여군이 창설된 지 70여 년인데, 여성에게 사관학교 입학이 허용된 것이 불과 20여 년 전이다. 또 2019년에야 우리나라 육해공군 통틀어 최초로 여성 투스타 장군이 탄생하는 등 국군의 성평등 수준은 여전히 후진적이다. A하사 사건을 지켜보면서 여군들을 먼저 떠올린 것은 이러한 이유에서였다.

몇 년 전 내가 소속되어 있는 단체의 동료 변호사들이 항명죄로 기소된 여성 군인 사건의 변론을 지원한 적이 있었다. 이른바 '여성 군악대장 스토킹 사건'으로, 여러 언론에서도 자세히 다루어졌다. 여성 군악대장 B대위는 갑자기 헌병대로부터 소환장을 받고 품위유지의무 위반, 부하 성추행, 직권남용, 항명 등의 혐의로 강도 높은 조사를 받게 되었다. 부하 성추행 등 대부분의 혐의는 사실이 아닌 걸로 밝혀져 무혐의 처분되었고, 일부 항명 등의 혐의로 기소되었다.

그런데 B대위는 수사기록을 열람하며 놀라운 사실을 확인했다. 자신을 스토킹해오던 남성 직속 상관 C소령이 B대위에 대한 수사를 의뢰한 것이었고, B대위의 혐의 대부분도 C소령이 작성한 기록지에 바탕한 것이었다. C소령은 B대위에게 군악대 병사들이 제보한 것 같다고 거짓말까지 했다. C소령은 B대위를 지속적으로 스토킹해온 인물이었다. 사랑한다는 취지의 문자메시지를 보낸 것은 기본이고, 휴가 중이던 B소위에게 친구와 함께 찍은 사진을 전송하게 하고, 남자친구와 자보았냐는 부적절한 성적 언동을 일삼았다. 또한 남자친구와 사귀지 말 것, 외출 시 목적지와 만나는 사람

을 보고할 것, 모든 지출 내역을 보고할 것 등이 적힌 각
서에 서명하게 했다. 하루 평균 50여 통의 전화와 문자
메시지를 보냈는데, 한 달 동안 문자메시지를 431회 보
낸 적도 있었다. B대위는 C소령이 자신을 스토킹하다
마음대로 안 되자 음해한 것이라고 판단하고 C소령에
대한 진정서를 접수했다.

그러나 군은 C소령이 각서 등을 받은 건 직속 상관
으로서 B대위의 바른 생활을 촉구하기 위한 것이었다
면서 무혐의 처리하고 스토킹에 대해서만 인정해 경고
하는 데 그쳤다. 성희롱과 지독한 스토킹을 가한 C소령
은 단순히 경고를 받고, 스토킹 가해자 C소령의 제보로
시작된 수사 결과 B대위는 C소령에 대한 항명 등의 혐
의로 기소되어 강제전역 위기에 놓였다. 군사법원 재판
1심에서 기소된 B대위의 혐의 중 C소령에 대한 항명
혐의만이 인정되었고 나머지 대부분은 무죄 선고를 받
았다. 우리는 항소심 재판에 뛰어들어 B대위를 변호했
다. B대위 유죄 인정에 중요한 역할을 했던 증거는 C소
령이 작성한 서류들과 C소령의 지휘를 받고 인사평정
을 받는 직속 부하 두 명의 진술뿐이었다. 그나마 C소
령 직속 부하들의 진술은 일관성이 없어 결국 2심에서

는 증언의 신빙성을 인정받지 못했고, 대법원에서 B대위의 모든 공소사실에 대해 무죄가 확정되었다.

이 사건이 언론에 보도되면서 여성 군인들이 군대 내에서 당하고 있는 성차별과 성폭력에 대한 여러 제보가 온라인을 뜨겁게 달구었다. 여군에 대한 성희롱·성폭력이 이 사건 하나뿐인가. 지금이라고 얼마나 달라졌을까. 군부대 성희롱·성폭력 사건은 여전히 빈번하게 보도되고 있다. B소위가 당한 일이 별것 아닌 일로 여겨질 지경이다.

2013년 D대위는 직속 상관인 소령의 성관계 요구와 성추행, 폭언을 견디지 못하고 극단적 선택을 했다. 그는 "2009년 임관부터 지금까지 제 임무를 가벼이 한 적이 없습니다. 정의가 있다면 저를 명예로이 해주십시오"라는 유서를 남겼다.

2017년에는 만 18세에 미성년 부사관으로 입대한 여군이 부대 내에서 수차례 성추행과 성희롱을 당한 끝에 극단적 선택을 했으나, 다행히 사망에 이르지는 않은 일이 있었다. 부서 내 유일한 여군이었던 이 부사관은 회식자리에서의 성추행, 일상적 성희롱, 단체 카톡방에서의 음란물 공유 등을 견디다 못해 극단적 선택을 한 것이다.

2019년 5월에는 여성 해군 대위가 직속 상관에게 여러 차례 성폭행을 당한 후 스스로 목숨을 끊었다.

또 성소수자였던 한 여성해군 중위는 상관인 남성 소령이 '남자 맛'을 알려준다며 강간해 임신중절 수술을 하기에 이르렀는데, 이후 중위의 고충을 상담해주던 다른 남성 중령까지 그를 강간하는 충격적인 일도 있었다. 이 같은 사실은 해당 여성 중위가 이를 견디다 못해 근무이탈을 했다가 그 원인을 추궁받으면서 밝혀졌다.

헬기 조종사였던 피우진 중령은 2002년 유방암 판정을 받고 한쪽 가슴을 절제했고 임무수행에 방해가 된다는 이유로 나머지 한쪽 유방마저 절제했다. 그런데 군인사법 시행규칙에는 여군이 유방을 절제(신체훼손)하면 전역시키도록 하는 규정이 있었고, 이에 따라 그는 강제전역을 당했다. 그는 강제전역 조치가 부당하다며 소송을 제기해 승소했고, 다시 군에 복귀할 수 있었다. 그가 쓴 책《여군은 초콜릿을 좋아하지 않는다》(삼인, 2006)를 보면 여군들이 군에서 어떤 대접을 받고 있었는지 상세히 알 수 있다. 늦은 밤 남성 상급자들이 피우진의 부하 여군들을 자신들이 놀던 술집으로 호출했는데, 무슨 호출인지 뻔히 알고 있었지만 상급자들의 명령을 어길 수도 없어 피우진이 부하 여군들을 완전군장 상태로 내보내어 상황을 모면했다는 등의 여러 일화가 담겨 있다.

2016년 국회 국방부 소속 서영교 더불어민주당 의원이 국방부로부터 제출받은 자료에 따르면, 군대 내 여성 군인과 군무원을 대상으로 한 범죄 건수는 최근 세 배 가까이 증가했다. 군대 내의 성범죄는 급증했지만 솜방망이 처벌에 그치고 있다는 지적도 따라 나온다. 재판에서 실형까지 선고받는 경우는 극히 드물다. 최근에는 성범죄뿐 아니라 여군에 대한 명예훼손, 항명행위까지 늘고 있다고 한다.

강선영 장군은 육군항공작전사령관으로 여군 최초의 투스타 장군이 되었다. 그는 1993년 육군항공학교에 입학해 헬기 조종사의 길을 걷기 시작했다. 강 장군은 조종사 교육을 1등으로 수료하는 등 탁월한 능력을 지녔지만 여성에 대한 편견을 딛고 유리천장을 깨며 달려야 했던 30년 군 생활이었다고 회고했다.* "제가 못하면 '아, 여군은 그걸 못해'라며 아예 시키지 않는 거예요." 그가 못하는 것이 그의 한계로 끝나는 게 아니라 후배들의 한계로 머물지 않도록 강 장군은 끊임없이 싸워야 했다고 말했다. 그는 남성 못지않은 여성이어야 했고 남성 같은 여성이어야 했으며, 또 여성다운(?) 여성이어야 했을 것이다. 그는 악전고투 속에서 얼마나 그 오랜 세월을 버텨 마침내는 여성 최초의 투스타 장군에 이르게 되었을까.

우리나라는 국민개병제에 기초한 징병제를 택하고 있는 국가로 남성은 일정 연령이 되면 군에 징병된다. 이러한 사실은 시시때때로 여성차별을 합리화하는 근거로 사용되었다. 남성이 군에 복무하는 기간 동안 여성들은 사회에서의 시간을 보장받는 기회를 누리고 편안하게 살았다며 '억울하면 군대 가라'는 것이다.

그런데 묻고 싶다. 대한민국 국군은 과연 여성을 징집할 능력이 되는가. 수시로 발생하는 성폭력·성차별로 인한 문제들을 해결하고 감당할 능력이 있는가. 아니, 감당하고 해결할 의사가 있는가.

✱ 〈軍 유리천장 깼다⋯첫 여성 '투스타'〉,《MBC 뉴스데스크》, 2019년 11월 24일

국민개병제에 입각한 징병은 참정권 등 시민적 권리를 확대하는 과정에서 도입된 제도인데, 이때의 시민은 여성이 아닌 남성만으로 전제되었다. 서구의 경우 국가와 시민(남성) 간의 계약으로 시작된 징병은 여성을 시민에서 배제하고 시민인 남성의 권리를 확대하는 제도의 일환이었다. 남성 시민들은 남성만이 시민인 국가를 지키기 위해 징집되었던 것이다.

한편 우리나라는 국가와 시민 간의 계약으로서 징병이 이루어졌다기보다 일제강점기를 거치며 국가의 압도적 우위에서 시행되다 보니 시민보다 국가가 우선인 국가주의하에 인권침해도 상당했다. 무엇보다 권리도 보장받지 못한 상태에서 중요한 젊은 시기를 군에서 보내야 한다는 징병 군인들의 피해의식이 상당하다. 그렇다 해도 국민징병제도는 여성을 시민에서 배제하고 남성 시민의 권리를 확대하는 과정에서 오직 남성만이 징집될 수 있었다는 점에서 그 자체로 여성에게 차별적인 제도였다는 것을 부인하기는 어렵다.

그런 본질에도 불구하고, 한국에서는 남성의 징병은 가장 중요한 성차별적 논거로 사용되어왔다. 만약 정말로 여성들이 군대에 가겠다고 들고 일어나면 어떻게 될까. 여성에 대한 모든 차별이 철폐되고, 성평등한 사회가 된다면 여성이 군에 입대하지 못할 이유가 무엇이란 말인가. 자, 대한민국이여 여성을 징병할 준비가 되어 있는가.

마지막 질문을 던져본다. 대한민국은 과연 우리 여성들의 조국인가? 1938년 버지니아 울프는 여성주의적 관점에서 전쟁을 막을 수 있는 방법에 대해 편지 형식으로 서술한 소설 《3기니》에서 이미 이러한 질문을 던지고 답했다.

> 당신은 나의 본능을 만족시키기 위해 혹은 나 자신이나 내 가족을 위해 싸우고 있는 게 아니다. 대부분의 역사를 통해 조국은 나를 노예처럼 다루었다. 조국은 내가 교육을 받거나 재산을 소유하지 못하게 해왔다. 사실 여성인 내게는 조국이란 없다. 여성으로서 나의 조국은 전 세계다.*

---

* 버지니아 울프, 태혜숙 옮김, 《3기니》, 이후, 2007.

오늘날 여성은 울프의 시대에 비해 좀 더 교육을 받고 재산을 소유하게 되었지만, 여전히 차별과 폭력에 시달리고 있다. 그러므로 '여성들에게 조국은 있는가'라는 울프의 질문은 여전히 유효하다. 대한민국은 여성의 군 입대 자격을 따지기 전에, 군 복무 여부로 차별을 정당화하기에 앞서 먼저 이 질문에 답해야 한다.

코로나 시대에
'평등한' 위기는 없다

조용히 치워지는 여성 노동자

국내 첫 코로나 환자가 발생한 지 한참이다. 코로나 감염 위험을 피하기 위한 '사회적 거리 두기'를 시작하고 한 달쯤 지나서였을까. 오랜만에 장을 보기 위해 밤늦게 동네 대형마트를 방문했다. 한산한 마트에서 여유 있게 장을 보고 계산을 하러 가서야 알았다. 불과 한 달 사이 계산원들이 앉아 있던 계산대가 대부분 사라지고, 손님이 직접 계산할 수 있는 무인 셀프 계산대로 바뀌어 있다는 것을. 코로나로 사회가 자가격리된 틈을 타 고립되어 있던 그들을 조용히 처리해버린 것일까.

손님들은 어느새 능숙하게 기계로 바코드를 찍으며 계산을 하고 있었다. 가끔 오류가 나면 주변 어딘가에 배치되어 있던 직원이 재빠르게 다가와 오류를 잡아주고, 손님들은 계산원들이 있었던 것조차 잊어버린 듯 편안하게 움직이고 있었다. 대형마트의 비정규직 계산원들이 부당한 해고에 맞서 마트를 점거하고 투쟁하는 내용을 담은 부지영 감독의 영화 〈카트〉(2014)의 한 장면이 생각나는 풍경이었다. 코로나 위기 이후의 세상은 공동체가 회복되는 새로운 세상일 것이라는 예상과 달리, 현실은 누군가 조용히 사라져도 흔적조차 남지 않는 그런 지옥도의 세상이 될 것인가.

비단 우리 동네 마트뿐이겠는가. 여기저기서 해고와 고용불안의 비명 소리가 들린다. 통계청의 '2020년 2월 고용동향' 마이크로데이터에 따르면, 일시 휴직자가 약 61만 8,000명인데 이 중 62.8퍼센트인 약 38만 8,000명이 여성이었다. 3월 한 달간 주로 요양, 돌봄, 급식, 청소, 서비스 분야에서 여성의 해고가 50, 60퍼센트 이상 급증했고, 11만 5,000여 명이 실직했다고 한다. 이는 고용시장에서 여성의 열악한 처지를 나타내고 있다. 우리 동네 마트의 계산원들도 모두 여성이었다. 여성은 비정규직 비율이 높고 저숙련 노동이 많으며 서비스업 비중이 높아 항시적인 고용불안에 시달리고 있는데, 이는 요즘과 같은 위기 상황에서 더욱 두드러진다. 여성이 정규직 숙련 노동을 수행한다고 해도 남성과 동등한 고용안정을 누리기는 어렵다. 누군가 정리되어야 한다면 여성이 먼저다.

여성의 노동은 언제든 가정으로 돌려보낼 수 있는 보조적인 노동으로 취급된다. 어린이집, 유치원, 학교들이 장기간 문을 닫으면서 자녀 돌봄의 부담이 대부분 여성에게 전가되고 있다. 주변의 많은 여성 직장인들 사이에서 돌봄의 공백을 메우기 위해 돌봄 휴가, 연차 등 휴가를 반복하다 휴직을 하고 결국 사직을 택하는 상황이 속출하고 있다. 감염병의 유행과 같은 위기 상황에서 이제껏 여성들이 맡았던 돌봄노동이 사회를 지탱해온 중요한 가치로 재인식되고 있음에도, 역설적으로 여성 노동은 최대의 위기를 맞이하고 있는 것이다.

이러한 여성들의 고용불안은 IMF 구제금융 사태가 일어났던 1997년을 떠올리게 한다. 당시 경제위기를 극복하기 위한 방책으로 공·사기업을 불문하고 구조조정이 실시되면서 노동자들은 극심한 고용불안을 겪었다. 그중에서도 여성 노동자들의 상황은 더욱 심각했다.

당시 가깝게 지내던 동료 변호사는 구제금융 사태 이후 대규모로 부당해고된 여성들의 사건 변호를 맡고 있었다. 성차별에 따른 부당한 해고임이 명백함에도 2심까지 패소라는 부당한 결과가 나왔고, 이에 시민사회단체들은 학술대회와 토론회 등을 개최해 판결의 부당성을 성토하며 대법원의 올바른 판단을 촉구하고 나섰다. 나도 토론자로 참석하여 판결의 문제점을 검토했다. 그날 토론회에서 남편을 볼모로 삼아 아내 직원을 해고해버린 회사의 부당함에 대해, 이를 정당하다고 판결한 재판부의 몰상식에 대해 차분하게 설명하던 해고 노동자들의 모습이 여전히 눈에 선하다. 여성들이 단지 여성이라는 이유로 손쉽게 직장에서 쫓겨나고, 열악한 노동환경으로 내몰리는 과정을 적나라하게 보여주는 사건이었다.

금융기관인 A사는 구제금융 사태 이후인 1998년부터 1999년까지 구조조정을 실시하면서 명예퇴직 요건을 대폭 완화해서 시행하고, 근속 3년 이상의 직원 전체를 대상으로 순환명령 휴직 제도(휴직기간 동안 고

정급의 80퍼센트만 지급)를 시행하기로 했다. 회사는 순환명령 휴직 제도 시행 대상자로 고비용·저효율 인력, 신의성실 근무에 문제가 있는 직원, 경제적·사회적 충격이 덜 심한 직원을 꼽았다.

문제는 누가 '경제적·사회적 충격이 덜 심한 직원'인지였는데, 회사는 '부부 직원'을 그 대상으로 선정했다. 사실 '부부 직원'이 대상이라는 것은 명목이었을 뿐 실제로는 아내 직원들에 대한 사직 강요였다. 회사는 아내들이 사직하지 않을 경우 남편들이 순환명령 휴직 대상자로 선정될 것이고, 고정급여의 80퍼센트(실제 지급받던 임금의 50퍼센트)밖에는 지급받지 못하게 될 뿐만 아니라 복직의 보장도 없으며, 결국 부부 직원은 두 사람 모두 우선순위로 정리해고 대상이 될 것이라며 아내들의 사직을 강요했다.

A사의 이러한 전략은 성공하여 최종적으로 762쌍의 부부 직원 중 10쌍을 제외한 752쌍의 한쪽 배우자가 퇴직했는데, 그중 688쌍은 아내 직원 쪽이 퇴직자였다. 또한 주로 여성 직원이 집중되어 있는 직급에서 명예퇴직이 실시되어, 퇴직한 여성 직원이 남성 직원보다 직급별로 많게는 열 배까지 되었다. 더욱 주목할 것

은 결국 퇴직한 여성 근로자 중 63.9퍼센트가 그대로 계약직으로 전환해 기존 업무를 그대로 수행했다는 사실이다. 같은 일을 하면서도, 더 적은 임금을 받는 비정규직 노동자로.

소송을 제기한 원고들은 당시 회사의 강권에 못 이겨 결국 명예퇴직을 한 아내들이었다. 이들은 1차 구조조정에서는 끝까지 사직을 하지 않고 버텼으나, 2차 구조조정에서는 마지막 날까지 견디다가 결국 사직서를 제출했다. 그들은 이후 계약직 근로자로 복귀하여 같은 일을 1년간 했다. 원고들 입장에서는 생각할수록 억울한 사직이 아닐 수 없었다. 남편이 해고될 수 있다는 압박을 견디는 건 쉬운 일이 아니었다. 퇴직한 752쌍의 부부 중 688명의 아내 직원이 퇴직한 것을 보라. 쉽지 않은 상황이었지만, 원고들은 자신들의 사직이 '강요에 의한 해고'로 사회질서에 반하는 불공정한 행위이고, 헌법·근로기준법·남녀고용평등법 등이 정하는 남녀평등과 행복추구권 등에 반하는 것이므로 무효라고 주장하고 나섰다.

법정에서 회사 측은 원고들의 진정한 사직 사유가 "전통적인 여성관에 기하여 육아 등 가정 일에 전념하기 위한 것"이라거나, "정리해고라는 심각한 단계에서 어느 가정의 가장이 실직을 하는 경우보다는 부부 직원 중 어느 일방이 대신 해고됨으로써 가정을 구할 수 있다"는 등의 주장을 했다. 얼핏 보면 부부 직원을 먼저 퇴직 대상자로 선정하는 것이 공정하고 형평에 부합하는 것처럼 보였지만, 조금만 생각해봐도 실은 매우 성차별적이고 행정편의적인 발상일 뿐이라는 것을 알 수 있다. 부부 직원이 가장 '경제적·사회적 충격이 덜 심한 직원들'이라고 어떻게 단정할 수 있단 말인가. 부부 중 한 명만 일하는 경우에도 재산이 많아 안정적일 수 있고, 부부가 각기 다른 회사에 근무하며 맞벌이를 하고 있을 수도 있는데, 같은 회사 부부 직원이라는 이유만으로 충격이 덜 심한 가정이라고 단정할 수 있을까.

회사는 부부 직원을 선정하면 아내 직원을 압박하기 쉽다는 것을 정확히 알았다. 가부장적 사고방식이 팽배해 있는 한국 사회에서 부부 중 하나가 그만둬야 한다면 그게 누가 될지는 뻔한 일 아닌가. 회사는 '여성 근로자들을 먼저 사직시키면 차별 문제 소지가 있기 때문에 남편 쪽을 명령 휴직시킬 것'이라고 공공연하게 이야기했다. 영리하게도 아내 직원을 노골적으로 휴직시키거나 퇴직시키는 방식의 위험성을 알고, 우회적으로 남편 직원에 대한 고용불안 위협으로 아내 직원을 압박하는 방법을 선택한 것이다. '가장'인 남편을 볼모로 잡아두면 아내들은 부당하다고 억울하다고 싸우지 못할 테니까. 뒤탈이 없을 테니까.

어처구니없게도 대법원(2002다35379 판결)까지 회사의 손을 들어주었다. 회사가 위와 같은 과정으로 원고들에게 사직서를 제출하게 했음을 인정하면서도 "사회경제적 관점에서 보아 합리성을 결하는 것이 아니고, 남녀평등에 반하여 여성을 차별한 것이라고도 볼 수 없다"고 판단했다.

회사나 법원이 주장하고 인정한 '사회경제적 관점에서의 합리성'이란 무엇인가. 가부장의 부양을 받으며 조신하게 육아와 살림에 전념하고 가정을 수호하는 역할. 그것이 바로 법원이, 회사가, 사회가 바라는 '사회경제적 관점에서 합리적인' 여성의 역할 아니었겠는가. 아내 직원들이 '전통적인 여성관'에 따라 살림에 전념하기 위해 퇴직했다는 회사의 주장과 달리 원고들을 비롯해 해고되었던 아내 직원은 대부분 회사에서 같은 일을 했다. 신분만 정규직에서 비정규 계약직으로 바뀐 채 말이다.

2020년의 코로나 위기에서 여성들의 노동은 과연 1999년보다 가치 있게 취급되고 있는가. 여성들의 노동은 훨씬 더 비정규적인 것이 되어 언제든 더욱 손쉽게 집으로 보낼 수 있게 되었고, 노동환경은 더욱 열악해졌다. 열악한 비정규직 노동의 환경에서 감염병의 위험에 노출되기도 더 쉬워져 전원 여성이었던 콜센터 직원들이 집단 감염되는 사태가 발생하기도 했고, 요양보호사 등 돌봄노동에 종사하는 비정규직 여성(돌봄노동 종사자의 90퍼센트가 여성이다)이 감염되어 돌봄 대상자와 함께 사망하기도 했다. 코로나는 우리에게 바이러스조차 평등하지 않다는 것을 알려주고 있다. 바이러스는 가장 약한 곳을 가장 먼저 파고들어 집단적으로 쓰러뜨렸다. 바이러스는 말하고 있다. 평등한 위기는 없다고.

직장 내 성희롱, 고용 차별, 여성 노동의 비정규직화, 남녀 임금격차를 드러내는 각종 통계치들은 노동에서의 젠더 불평등이 심화되고 있음을 알려주고 있지만, 남녀평등고용법, 여성발전기본법, 그리고 각종 노동법제의 제도화는 노동 영역에서 젠더 평등이 실현되고 있는 것 같은 착시를 불러일으켰다. 이러한 착시라도 얻어내기 위해 얼마나 많은 여성들이 싸워왔던가. 코로나 위기는 여성 노동의 젠더 불평등을 여지없이 드러냈다. 더 이상 법과 제도가 주는 착시로 세상이 나아졌다고, 살 만해졌다고 퉁칠 수 없게 된 것이다.

감염병 위기는 여성들이 주로 담당해오던 돌봄노동의 중요성을 새삼 깨닫게 해줬다. 돌봄노동의 주된 당사자가 여성이라는 사실은 전통적 여성관과 맞물려 돌봄노동 자체를 저평가한 것은 물론, 여성이 수행하는 노동을 보조적인 노동(언제든 집으로 돌아가게 할 수 있는)으로 취급하여 여성 노동을 차별하는 근거가 되었다. 우리 사회가 돌봄노동의 금전적 가치를 재평가하거나 가정 내 돌봄노동을 사회화하는 수준의 논의에 머무른다면, 위기가 반복될 때마다 돌봄노동은 더욱더 여성에게로 귀속될 것이며 노동에서 성차별적 구조를 극복하기란 요원한 일이 되고 말 것이다.

감염병의 위기는 공동체가 협력하지 않으면 살아남을 수 없다는 것을 가르쳐주었지만, 역설적으로 차별과 배제의 실상도 낱낱이 보여주었다. 감염병 이후의 세상에 대해 낙관하는 사람들이 있으나, 나는 두렵다. 마트의 계산원들처럼 위기 상황을 이용하여 조용히 치워지는 사람들, 그리고 '집단 감염'이라는 공포심에 포획된 채 누군가 치워지고 있다는 것을 깨닫지 못하는 사람들. 그런 위장된 평화에 길들여지는 것이 감염병 위기 이후의 세상일까 봐.

여성으로
살고, 죽고, 싸우다

여성 노동자 탈의 투쟁과 '수지 김' 사건

2019년 9월 10일, 한국도로공사의 톨게이트 요금 수납 노동자들은 대법원의 판결에 따라 직접 고용을 요구하며 농성 중이었다. 전달인 8월 대법원은 한국도로공사가 톨게이트 수납노동자를 불법으로 파견 고용하였다면서 직접 고용하라고 판결한 바 있었다. 그러자 한국도로공사는 자회사를 설립하여 수납업무를 모두 자회사로 이관했다. 기존 수납노동자들에겐 자회사로 이직하지 않고 도로공사에 남는 경우 더 이상 수납 업무를 맡기지 않고 버스정류장, 졸음쉼터, 고속도로 법면 등

234

의 환경정비 일을 시키겠다며 이에 응하지 않으면 징계 절차를 밟거나 일할 의사가 없는 것으로 판단하겠다는 방침을 발표했다. 노동자들은 이에 대법원 판결에 따른 직접 고용 이행을 외치며 저항한 것이다.*

경찰과 구사대가 농성 중이던 노동자들을 강제로 해산시키려고 하자, 이들 여성 노동자들은 상의를 탈의하고 강제해산에 맞섰다. 물리적인 힘에 맞서기에 역부족인 그들에게 신체노출은 가장 강력한 저항이었을 것이다. 그들이 가진 여성성을 가장 적나라한 방식으로 드러내는 선택만이 스스로를 지킬 수 있는 상황, 그런 절박함에 대한 응답으로 사측의 구사대와 경찰들은 무단으로 그들을 촬영하고, 조롱하였다.

이런 상황에 처한 여성 노동자가 그들이 처음은 아

---

* 자회사와 본사 간 택일을 강요한 소위 '갈라치기' 식의 인력배치는 노동조합원을 분열시키고 노동자들에게 익숙하지 않은 일을 맡긴 뒤 저성과자로 분류하거나 거주지에서 먼 곳으로 발령을 내는 흔한 노동탄압 방식이다. 2020년 5월 대구지방법원은 또 한번 한국도로공사에 톨게이트 수납노동자들을 직접 고용하라고 판결하였으나, 본사에 남은 톨게이트 수납노동자들은 거주지에서 원거리로 발령받아 도로 청소 등의 업무를 하고 있다.

니었다. 많은 이들이 떠올린 것은 1977년 동일방직 여성 노동자들의 투쟁이었다. 동일방직 노동자들은 사측의 폭력적인 노조 파괴에 맞서 작업복을 벗고 알몸으로 저항했고, 사측은 그런 그들에게 똥물까지 뒤집어씌우는 전대미문의 탄압을 하며 여성 노동자들을 조롱하였다. 그러나 그녀들의 투쟁은 이후 YH노조의 투쟁으로 이어져, 종국에 박정희 독재정권을 몰락시키는 계기였던 부마항쟁의 씨앗이 되었다.

상의 탈의로 투쟁하는 여성 노동자들에게 퍼부어진 여성비하적 조롱은 차마 입에 담기가 민망하다. 젊은 여성에게는 젊은 여성이라는 이유로(동일방직 노동자들), 중년의 여성에게는 중년 여성이라는 이유로(요금 수납원 노동자들) 온갖 조롱이 뒤따랐다.

그런데 엉뚱하게도 나는 여성 노동자들에 대한 성적 비하와 조롱을 보면서 '수지 김 사건'이 떠올랐다. 노동자든, 살인의 피해자든 여성이면 그가 노동자이거나 살인의 피해자라는 것은 어느새 무시되고, 여성이라는 이유 그 자체로 쉽게 모욕당하고 조롱거리가 되기 일쑤다. 1977년대의 여성 노동자들은 많은 경우 집안의 살림 밑천 노릇을 하기 위하여 어린 나이에 상경한 공장 노동자가 많았다. 입 하나 줄이는 것은 덤이었다. 공장 노동자로 일하다, 돈을 더 벌기 위하여 유흥업소에서 일하게 되는 경우도 자주 있었다. 집안에 돈이 필요할 때는 '살림 밑천'이나 '효녀'라는 고상한 표현으로, 국가 경제를 살리는 데 노동력이 필요할 때에는 산업 역군으로 표현되었지만, 결국은 '공순이(못 배우고, 험한 일 하는 얕잡아 봐도 되는 여자)'였고, 행실을 바로 하지 못한 술집 여자가 되고 마는 것이었다. 어린 여공들이 폐병에 걸려가며 만들어내던 물건들을 팔아, 기지촌 여성들이 '양공주' '양색시' 소리 들어가며 벌어들인 달러를 밑천 삼아 이룩한 번영인데, 그것을 누리면서 돌려주는 것은 조롱과 멸시였다. 그들이 무엇을 위해 왜 싸우고 있는지, 왜 죽었는지 진실은 어느새 중요하지 않게 된다. 여자라는 그 이유 하나로.

2001년 처음 변호사가 되어 일하던 법인에서 진행했던 사건이 바로 수지 김 사건이었다. 수지 김은 남편에게 살해당했음에도 당시 안기부와 남편 윤태식의 합작으로 오랫동안 간첩이라는 오명을 안고 희대의 악녀로 알려져 있었다. 당시 수지 김은 많은 이들의 노력으로 이제 막 간첩의 누명을 벗고, 살인자 윤태식과 간첩

누명을 씌운 자들, 그리고 국가에 대한 단죄를 시작하고 있었다. 내가 '수지 김'을 떠올린 이유는 그가 여성이라는 이유로 더 쉽게 누명을 쓰고 조롱당한 피해자였기 때문이다.

수지 김 사건은 이제는 널리 알려진 이야기로, 인터넷에서 '수지 김'을 검색만 해봐도 사건의 내막을 알 수 있는 정도가 되었으니 굳이 또 그녀의 이야기를 꺼낼 필요가 있을까 잠시 고민해보았다. 살인자 윤태식은 그녀를 죽였고, 국가는 이미 죽은 이에게 간첩의 누명을 씌워 그녀를 두 번 죽였다. 내가 주목한 것은 '그녀의 죽음이 국가에 의해 어떻게 그렇게 쉽게 조작되고 대중을 속일 수 있었는가'다. 만약 반대로 수지 김이 윤태식을 살해하고 간첩으로 몰았다면, 이처럼 쉽게 사건이 조작되고 대중들이 거짓에 현혹될 수 있었을까.

수지 김의 본명은 김옥분이다. 1952년생으로 1남 6녀의 둘째 딸로 태어났다. 그녀의 삶은 그 시대의 가난한 가정의 딸들의 전형적인 경로대로였다. 초등학교만을 졸업한 채, 집안의 입 하나 덜고 돈을 벌어 살림에 보탬이 되어야 했기에 서울로 상경했다. 어린 나이에 버스 안내양 등 자신과 가족들의 생계를 위해 고된 벌이를 해야 했고, 미8군에서 일본인 관광객을 상대하는 일을 했다. 그러다 홍콩인과 결혼하였으나 이혼했고, 홍콩에서 윤태식을 만나 재혼하였다. 윤태식은 중학교 1학년 중퇴 학력이었음에도, 육사를 졸업하고 대위로 예편한 후 학사학위를 받았다고 자신의 경력을 속여 한국 기업체의 주재원으로 홍콩에 나와 있었다. 그때 수지 김을 만났다. 수지 김이 걸어온 고단한 삶의 경로와 달리, 남자인 윤태식은 화려한 언변과 사교성을 바탕으로 성공가도를 달리고 있었던 것이다. 결혼한 지 채 3개월도 되지 않았던 1987년 1월 3일, 윤태식은 거주지였던 홍콩 소재 아파트에서 부부 싸움 중 아내를 목졸라 살해하였다.

윤태식은 살인을 은폐하기 위해 싱가포르 주재 북한 대사관에 찾아가 망명신청을 하였으나 북한 대사관으로부터 받아들여지지 않자 다시 싱가포르 주재 미국 대사관을 찾아갔고, 미국 대사관 측은 그의 신병을 싱가포르 주재 한국 대사관으로 인계했다. 그런데 윤태식은 한국 대사관에서 '북한 공작원에게 납치되었다 탈출했으며, 아내는 북한 간첩이었다'고 주장했다. 그를 면담한 안기부 현지 주재관들은 윤태식의 진술에 일관성이 없고 그가 북한 대사관에 망명신청을 했었다는 첩보를 입수하여 본국에 윤태식과 관련한 기자회견이 부적절하다는 건의를 하였고, 심지어 당시 이장춘 싱가포르 대사는 기자회견을 해서는 안 된다고 강력히 반대하였다. 그러나 안기부는 장세동 부장의 지시로 기자회견을 강행시켰고, 결국 싱가포르와 외교마찰을 우려해 1987년 1월 8일 윤태식을 방콕으로 데려가 언론과 인터뷰하게 한 후 다음 날 김포공항에서 '동거하던 북한 공작원 김옥분과 조총련계 공작원에 의하여 납치될 뻔하다가 탈출하였다'는 내용으로 기자회견을 했다.

안기부는 이후 윤태식을 신문하여 그가 김옥분을 살해하고 이를 숨기기 위해 위와 같은 일들을 벌인 사실을 확인하였으나, 이미 기자회견을 했으니 어쩔 수 없다는 이유로 장세동 등이 지시하여 수사를 종결했다. 1987년 1월 26일 김옥분의 시신이 발견되어 홍콩 경찰이 윤태식을 용의자로 지목하고 안기부에 수사 협조를 요청하였으나, 안기부는 이를 거절한 채 윤태식에게 세뇌교육과 보안교육을 한 후 석방하였으며, 그 후에도 계속 윤태식의 동향을 파악하고 그를 지원했다. 윤태식은 사건이 진상이 밝혀진 2000년대 초반까지 잘나가는 벤처사업가로 행세하며 결혼하여 자녀까지 두고 살았다.

조금만 자세히 들여다보면 윤태식의 진술, 안기부의 발표에 대단히 허술한 점이 많다는 것을 알 수 있었다. 수지 김의 부모와 가족은 모두 남한에 있었고, 윤태식이 무슨 중요한 공직을 수행하던 사람이나 정부 요원도 아니었으니 말이다. 왜 사람들은 그렇게 쉽게 수지 김이 북한에 포섭된 공작원이요, 윤태식을 납치하려고 했다는 거짓말을 믿었을까. 만약 반대의 상황이었다면, 수지 김의 말을 쉽게 믿었을까.

수지 김이 여성이라는 것, 그것도 취약한 환경에서 살아온 여성이었다는 것, 수지 김의 그런 배경이야말로 어쩌면 저 거짓쇼의 주범이었을지도 모른다. 안기부의 발표 이후 수지 김의 사생활에 대한 온갖 과장된 보도와 사람들의 반응을 살펴보면 이는 결코 그저 추측이 아님을 알 수 있다. 당시 언론이 보도한 그녀는 '홍콩 주재 한국 상사원을 미인계로 꼬신 여간첩' '홍콩을 주름잡은 호스티스 출신의 여간첩'이었다. 수지 김의 삶의 경로를 짚어보면 그녀가 어려운 환경에서 살아남기 위해 여성으로서 얼마나 많은 것을 감내해야 했을지 상

상할 수 있다. 초등학교만 마친 채 상경하여 버스 안내
양을 하고, 미8군에서 일하고, 일본인과 결혼하여 홍콩
으로 이주하기까지, 그리고 윤태식을 만나 살해당하기
까지 그녀는 온갖 일을 하며 가족을 부양하고 살아남기
위해 발버둥쳤다. 그런 그녀가 어느 순간 호스티스 출
신의 행실이 문제인 여자, 간첩이 되어도 이상할 것 없
는 '죽어 마땅한 여자'가 되고 만 것이다. 뒤늦게 홍콩
경찰이 시신을 발견하고 그녀가 살해당했음을 알렸지
만, 안기부와 윤태식은 그녀의 죽음이 북한이나 조총
련의 보복살인일 것이라면서 이를 은폐했다.

그녀의 죽음 이후 그 가족들의 삶도 끝없는 추락을
겪었다. 특히 자매들의 삶은 '행실'과 연관되어 더 산산
조각이 났다. 홍콩에서 잠시 생활을 같이했던 여동생
은 안기부로부터 심하게 조사를 받은 것은 물론, 언니
의 사생활과 연결되어 더욱 폭력적인 이야기들에 시달
리고 시가로부터도 이혼을 강요당했다. 자매 네 명이
모두 직장에서 해직당하고, 이혼당하고, 정신적 고통
이 질병으로 이어지는 극단의 삶을 살았다. 그나마 자
신의 가정을 유지했던 오빠가 끝까지 포기하지 않고 죽
음의 진실을 밝히려 했다. 오빠와 그를 돕던 기자와 변

호사, 그리고 검사의 노력으로 수지 김이 당한 억울한 죽음의 진실은 끝내 밝혀졌다.

수지 김이 살해된 지 13년 만인 2001년 윤태식은 살인죄로 체포되었고, 2003년 상고심에서 유죄가 확정되었다. 법원은 '김옥분에 대한 살인 사건을 은폐하고 간첩으로 조작한 국가와 당시 안기부장 장세동 및 안기부 간부들에게 김옥분과 그 가족들 앞으로 상당한 액수의 위자료를 지급하라'는 판결을 내렸다. 안타깝게도 그의 오빠는 이 모든 것이 밝혀지기 직전 의문의 교통사고로 사망하였다. 도대체 얼마의 위자료를 받으면 억울한 원혼이 위로받을 수 있을까. 그녀와 가족들이 겪었을 고통에 대한 위로와 배상이 가능은 한 것일까.

과거 많은 여성이 집안 남자의 성공을 위해 헌신해야 했다. 종종 그들의 헌신은 행실과 품행의 문제로 손가락질받는 삶으로 이어졌고, 잊히고 버려졌다. 시종일관 찬사로 이어지는 남성의 헌신과는 근본적으로 다르게 취급되었다. 여성이 어떻게 살았고, 무엇이 되었고, 무슨 말을 하는지는 크게 중요하지 않다. 헌신을 했든, 투쟁을 했든, 엄청난 성취를 이루었든 '여성'이라는 자체, 그것이 문제다.

얼마 전 매우 높은 자리에 있는 어느 여성을 만나 단체 사진 촬영을 같이 한 적이 있었다. 그는 당시 모인 사람들 가운데 가장 높은 직책에 있었다. 사진을 찍으려는 순간 한 남성이 "○○님(가장 높으신 분) 이뻐!"라고 다 같이 외치자고 제안했다. 감히 올려다보기도 어렵다고 할 만큼 높은 직책의 여성이었음에도 부하 직원인 남성에게 너무도 쉽게 외모를 품평당하고 있었다. 또 어떤 자리에서는 자기 부하 직원이 승진을 했다면서 '여자지만 능력이 뛰어나서 승진했다'고 소개하는 일도 보았다. 여성에게는 칭찬마저 여성폄하가 전제되어야 한다.

여자라는 이유로 고되게 살았으나 역시 여자라는 이유로 죽음의 진실마저 은폐되고 간첩으로 내몰렸던 수지 김, 김옥분. 그 억울한 죽음의 진실이 밝혀진 지 20년이 다 되어가지만, 여자라는 이유로 겪어야 하는 조롱과 억울한 일은 여전히 넘쳐난다. 그럼에도 여성들은 끊임없이 포기하지 않고 싸우고 있다. 해시태그 미투운동으로 성폭력 피해 사실을 알리고 서로 연대하며 싸우고 있고, 부끄러움 따위 던져버리고 가슴을 드러낸 채 여성이 당하는 부당함을 알리고 있다. 그리고

244

매일매일 조금이라도 앞으로 나아가고 있다. 이것이야 말로 수지 김의 억울한 죽음에 대한 진정한 조사이자, 위로가 아닐까.

요즘 일어나고 있는 일들을 보고 있으면
책의 후기로 이 말 외에 아무것도 쓸 수가 없다.

"여성을 위한 변론은 끝나지 않았다."

아주 오래된 유죄

ⓒ 김수정 2020

초판 1쇄 발행 2020년 11월 11일
초판 3쇄 발행 2021년 1월 20일

지은이   김수정
펴낸이   이상훈
편집인   김수영
본부장   정진항
편집1팀   김진주 이윤주 김단희
마케팅   천용호 조재성 박신영 성은미 조은별
경영지원   정혜진 이송이

펴낸곳   한겨레출판㈜ www.hanibook.co.kr
등록   2006년 1월 4일 제313-2006-00003호
주소   서울시 마포구 창전로 70 (신수동) 화수목빌딩 5층
전화   02) 6383-1602~3
팩스   02) 6383-1610
대표메일   book@hanibook.co.kr

ISBN 979-11-6040-441-8 03300